老後破產

名為長壽的惡夢

NHK特別採訪小組

謝承翰——譯

目次

前言　老人漂流社會　7
序章　「老後破產」的現狀　13
第一章　獨居老人的困境　23
光靠年金，生活無以為繼　24
逐漸陷入絕境的日子　28
拼死幹活，老後生活依舊困頓　33
生活保護制度的缺陷　37
獨居老人的現狀　39
存款只出不進的恐懼　42
為節省開銷，有病痛仍不肯就醫　46
不願造成他人的困擾　49
「日子已經不好過了，能省則省吧。」　52

不想暴露貧窮的事實　58
解決問題的三大面向：居住、生活、人際關係　66
讓老人也能「開心生活」的未來　69
獨居老人問卷調查：「老後破產」蔓延現況　72
照護保險制度造成的經濟負擔　74
獨自過新年的老後生活　77

第二章　失去夢想的老人們　81

無力支付完善照護的費用　82
照護補助的局限　84
金錢是老後生活的安穩指標　93
「我想出門走走。」　98
從未想過老後生活如此孤獨辛苦　104
獨子與丈夫相繼去世，生活無所依靠　108
孤獨的都市生活　112

每兩個月一次的樂趣　116
無可避免的「老後破產」　123
「國民年金制度」應與現實接軌　128

第三章　「老後破產」的原因　131

慢慢將人逼入絕境的「老後破產」　132
有「房」就無法接受生活保護？　140
邁向「零存款」的倒數計時　145
醫療負擔招致「老後破產」的惡夢　148
節約的矛盾　151
疾病是造成「老後破產」的根本原因　156
老後「住處」的選項　161
國營住宅供不應求　165
與烏鴉為友的男性　168
與存款見底的恐怖戰鬥　171

醫療現場的困境 174
家庭關係崩壞 179
從醫院到老人之家的「漂流記」 181

第四章 農村生活的隱憂 189

豐裕的田園生活？ 190
「老後破產」蔓延農村 192
自給自足，野外求生式的老後生活 195
靠採集野菜果腹 203
醫療資源匱乏的農村 205
鄉下獨居老年人口持續增加 212

第五章 老後親子破產 213

家人介入造成照護困難 214
拒絕「支援」 216

接受他人照顧的「罪惡感」 229
中年失業成為「老後破產」預備軍 231
因照護母親而離職 238
重新就業的道路因病斷絕 243
超節儉術！ 244
就這樣陷入貧老深淵 250

終章　從「老後破產」到「老後親子破產」 253

結語　如何避免「老後破產」的惡性循環 258

前言
老人漂流社會

時值二〇一三年八月，我被叫去一間位於新宿車站西側出口的居酒屋談事情。板垣淑子製作人與攝影師寶代智夫就等在那瀰漫烤魚煙霧的店內。NHK特別節目《working poor窮忙族》於二〇〇六至二〇〇七年間播映，他們都是在那期間與我共同製作該節目的重要夥伴。

「你要不要跟我們合作？我們想要推出談論高齡者生活困境的特別節目。」

我馬上允諾，畢竟根本沒有理由拒絕。同年十一月二十四日，NHK推出《失智症八百萬人時代，無法出聲求援，被孤立的高齡失智症患者》的特別節目。而後續的節目名為「老後破產」，亦即本書書名。

這是板垣製作人所構思的詞彙，目的是將議題聚焦在維持高齡者生活的「金錢問題」上，因此讀者對這個詞彙或許有些許陌生。

時至今日，獨居老人在日本的數量已迫近六百萬人大關，年收入低於最低生活費標準者約占一半，其中接受生活保護[1]者約有七十萬人。而其餘高齡者當中，有部分擁有充裕積蓄可供生活開銷，但此外約有兩百多萬名獨居老人只能依靠年金拮据度日，並未請領生活保護。一旦他們不幸生病，或是因故必須接受照護，生活將頓時無以為繼。

板垣製作人將遭遇上述困境的年長者稱作「老後破產」。聽著她的說明，我想起一位名叫鈴木勇治的年長者，居住於秋田縣仙北市，是我在製作《working poor窮忙族》時的受訪對象，當時他七十四歲。鈴木先生原本經營西裝店，但是隨著地方產業衰退，他的營收遲遲未見起色，每年收入僅二十四萬餘圓[2]。他就靠著微薄的收入，以及每個月六萬圓的年金生活。每餐花費節約在一百至兩百圓之間。採訪當天，他的配菜僅僅是烏賊罐頭與三盒九十九圓的納豆。鈴木先生的夫人當時臥病住院，每個月住院費六萬圓，正好是他的年金收入。

各位讀者或許會疑惑，為何不申請生活保護呢？但是鈴木先生戶頭裡還有存款一百萬圓。若要接受生活保護就必須將這筆被視為財產的存款花掉，但鈴木先生說什麼都不願意動用這筆存款，因為這筆存款是要用來幫妻子辦後事的，非常重要。鈴木先生可謂是「老後破產」的典型案例。

「說到底，窮人家就是早死早超生是嗎？」

鈴木先生喃喃自語道，他的話深深地刺進我心中。

採訪結束，節目的工作人員與鈴木先生仍持續保持聯繫。他那臥病住院的妻子在節目播出之後去世，鈴木先生也為她舉辦了一場隆重的葬禮。爾後鈴木先生因為身體日漸病弱，於是將西裝店收掉。由於他花光積蓄舉辦葬禮，終於符合請領生活保護的資格，目前正在老人之家頤養天年。講來或許有些殘酷，但是妻子去世的確

1 日本政府依據《生活保護法》，對無法維持生活的國民給予幫助。可領取的金額根據地區別、家庭人口組成、項目別，而有所不同。

2 二〇〇六至二〇〇七年，新台幣兌換日圓約為一比三・五三。二十四萬日圓約為新台幣六萬七千九百餘元。

讓他換得了最低限度的生活保障。日本現行的生活保護制度就是如此，令人感到違反常理、難以苟同。

高齢者目前面臨極其嚴峻的環境。少子化與高齡化的腳步加快，年金、醫療、照護等社會福利支出每年就占了日本國民所得的三〇％以上。一九九〇年每五・一位工作人口就必須負擔一位六十五歲以上高齡者的社會福利支出；而二〇一〇年，比例變為每二・六位工作人口負擔一位高齡者；到了二〇三〇年更將變為由一・七位工作人口負擔，換句話說，幾乎每一位工作人口都必須負擔一位高齡者的社會福利支出。

年輕一代開始傳出反對的聲音，認為高齡者是既得利益者，兩代之間產生嚴重對立。而針對憲法保障的最低生活費標準是否過多的批評聲浪，以及非法請領生活保護費的問題，有部分媒體也提出醒目的論述加以討論。其中，「責任在己論」總是一再地被提及，這種論述認為，高齡者應該自行承擔生活無以為繼的苦果。

針對高齡者所面臨的生活窘境，社會大眾是否該就此置之不理呢？我們持否定的態度。正因為處境嚴峻，才更希望這個社會能夠攜手尋找出「最佳解答」。

本書是一本採訪報導，以ＮＨＫ播映的特別節目《老人漂流社會──「老後破產」的現狀》為基礎，重新描述未能於節目中完整呈現的高齡者現狀。社會究竟必須迫於無奈地切割陷入「老後破產」的高齡者？還是該為了解決問題踏出第一步？最重要應當是認清現實，理解當下狀況。只有以「現場」作為起點，才能展開議論。

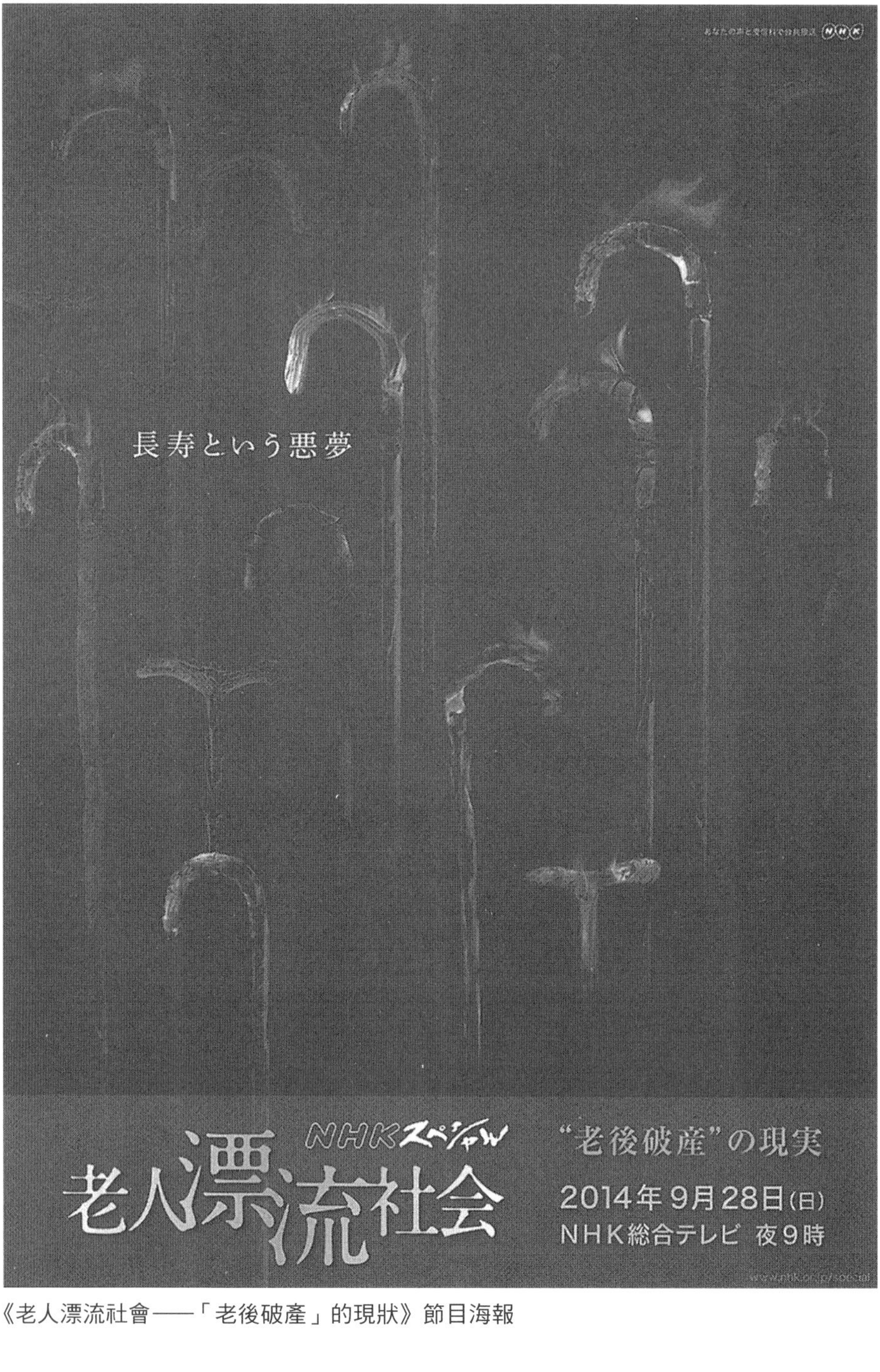

《老人漂流社會——「老後破產」的現狀》節目海報

序章
「老後破產」的現狀

「從未想到老後生活會是這樣。」

日本正處於超高齡社會[1]，「老後破產」現象同時擴散日本全國各地。

接連有仰賴年金生活的高齡者因為稀鬆平常的生病、受傷，使他們無法倚靠自己的收入維生，生活無以為繼。

「我沒有錢去醫院，只能忍著了。」

「我靠年金生活，所以每天只能吃一餐，一餐的花費也必須壓在一百圓內。」

毋庸置疑地，這正是現今日本許多正常生活的老人所面臨的處境。

為何上述事態會在日本擴散呢？論其背景，過去近二十年各年齡層的收入向下滑落。工作人口的年收固然持續下降，高齡者的年金收入亦是連年減少。而令事態更趨嚴峻的原因則是「單身趨勢」，獨居老人的數量以驚人的氣勢持續攀升，眼看就要超過六百萬人大關。即便夫妻兩人共同生活，可以靠兩人份的年金勉強維持生計，然而一旦其中一方亡故，單靠一份年金收入根本難以度日。

分析獨居老人的年金收入之後，結果顯示其中約有半數，也就是將近三百萬人的年金收入低於最低生活費標準，也就是未達一百二十萬圓。去除已接受生活保護的七十餘萬人，在剩餘兩百餘萬人當中，有為數眾多的年長者僅仰賴年金收入拮据度日。將他們的收入換算為月收，則低於十萬圓。其中除了領取國民年金者（最高額度為每月六萬五千圓），也包含領取厚生年金[2]的上班族。

有這麼多人每月領取十幾萬的年金，相信讀者會認為事態其實不算嚴峻。但透過實地採訪，發現仍有不少年長者，即便每個月領取十幾萬的年金，同時還擁有自己的房子，以及備有一定程度存款，也都因為金錢問題被逼得窮途末路。

「我從未想過老後生活會是這樣子。」

許多受訪的高齡者，過去從未想過自己會陷入「老後破產」的窘境。他們的職業包括上班族、農民、自營業，工作的同時也各自為老後生活做好準備。在提到自己陷入老後破產時，他們的語氣啞然。

---

1 根據世界衛生組織的定義，一個國家內六十五歲以上的人口，占總人口比例七％以上，即稱為高齡化社會（aging society）、達一四％稱為高齡社會（aged society）、達二〇％稱之為超高齡社會（hyper-aged society）。中華民國行政院國家發展委員會（前身為經建會）推估，台灣將於二〇一八年進入高齡社會。

2 針對一般企業上班族設立的年金，保費由企業主與員工各自分攤。依照日本的年金制度，一名上班族退休之後，可以領得國民年金與厚生年金兩筆年金。

邁入老年後，任誰都可能生病、受傷，這就是導致高齡者陷入「老後破產」的主要原因之一。特別是針對沒有家人陪伴的獨居老人來說，醫療費與照護費是一大筆負擔。即使他們在身體還能承受病痛時，盡可能不去就醫。然而一旦症狀加劇，乃至臥床不起時，他們就必須申請到府看護，或是到醫院接受治療，生活頓時無以為繼。當無力自行負擔這些費用時，則會接受生活保護。

而所謂的「老後破產」，指的是即便身處上述情形，仍然僅靠著年金收入苦撐過活的現象。

靠著每個月十萬圓的年金收入，高齡者只要身體無恙，仍然能勉強維持生活所需。但若是罹患需要開刀的重大疾病，或因為受傷而必須住院時，即便原本還有一些積蓄，也會坐吃山空，陷入「老後破產」的困境。

原則上，只要年金收入低於最低生活費標準，當事人就有接受生活保護的權利。日本憲法第二十五條規定「所有國民均有享受健康與文化之最低限度的生活權利」。基於此條文，生活保護制度得到保障。雖說各地方公家機關的規定有所不同，但是單身者可以請領的生活保護費約略落在十三萬圓上下。當收入低於上述金額時，當事人則有領取相當於其差額生活保護費的權利，除此之外，一旦接受生活保護，醫療費與看護費也可全額減免，由政府買單。當事人即可安心地前往醫院看診。

但是目前幾乎所有高齡者都沒有接受生活保護，靠著微薄的年金收入拮据過活，只有約一〇%的高齡者接受生活保護。其中也有不少人連醫療費都在節省，表示即便身體不適，也會盡量撐著不去看病。

某些高齡者正靠著自己的收入與存款努力生活，他們甚至連醫療費與照護費都必須省下；但在另一方面，只要接受了生活保護，就可以無償接受醫療與照護服務。這就是日本現行的生活保護制度。第一線的社福人員其實很想要幫助這種仰賴己力生活的高齡者，因此有不少人表示對現行制度未盡完善的部分感到「鬱結不已」。

除此之外，目前擁有房子的高齡者無法接受生活保護，這點也令人感到大為矛盾。有些高齡者終生打拼，終於得到遮風避雨的住所，只要他們不肯放手，將房子變賣作為生活費，原則上就無法獲得生活保護。除非他們肯變賣房子，否則就只得在年金收入的範圍內勉強度日。

假設有位女性，她在丈夫亡故後繼承了占地寬廣的自宅，長年獨居的她每月可領到十餘萬圓的年金。當她身體健康無虞時，生活自然是怡然自得。可一旦罹患癌症等重大疾病，生活頓時風雲變色。在日本，六十歲高齡者的醫療費自費負擔為三成，與工作人口並無二致。隨著年齡愈來愈接近七十五歲，則會逐漸變為兩成。原則上，高於七十五歲的年長者容易生病，因此自費負擔為「一成」(金額會隨著當事人收入而增加)。

即便是依靠年金收入生活的高齡者，同樣必須支付電費、天然氣費、公共費用、醫療保險、照護保險等費用，高齡者必須在支付上述費用之後，再從手邊剩餘的錢當中擠出醫療費。

當治療期間拉長，或是罹患慢性病時，當事人必須長期支付醫療費。若是為了支付醫療費等原因而賣房，當事人則必須邊租房，邊擠出醫療費等費用，如此一來賣房所得的款項遲早會見底。如此一來，這些高齡者在退休時看似生活頗有餘裕，卻仍接連「老後破產」。

NHK於二〇一四年九月推出名為《「老後破產」的現狀》的特別節目，藉此向世人傳達「老後破產」擴張的情形。節目播出後獲得極大反響，其中又以四、五十歲，正邁向老年的觀眾占大宗。

「我以打零工生活，沒有繳納年金，也沒有結婚，未來我只有『老後破產』一途，真的是不想活太老啊。」（四字頭男性）

「我是全職主婦，負責照顧外子的父母，但是卻沒有孩子能在未來照顧我。此外我也沒有足夠的存款可以住進老人之家，未來只能孤單地死在家中吧。」（五字頭女性）

「我沒有工作，家中長輩罹患失智症，似乎也快陷入『老後破產』。我們兩人就靠著他每個月八萬圓的年金生活。我對未來已經絕望。」（五字頭男性）。

由於日本目前的施政方針是抑制社會保險費用支出，因此年金發放額度遭到調降，以致醫療費、照護費的負擔增加，讓老後生活更添嚴峻。

生在這種時代，對於那些正在照顧雙親，而且自己的老後生活也迫在眉睫的中高年者來說，「老後破產」並非事不關己的問題。

而高齡者的反響則大多將自己的人生與節目受訪者重疊。

「我無法靠著每月四萬圓的年金收入生活，於是接受了生活保護。由於生活缺乏樂趣，讓我每天都在想自己什麼時候才會死。」（八字頭女性）

「我每個月的年金收入有十六萬圓，但是每個月的花費總是透支。我的生活並不鋪張浪費，節目裡有些人提到自己努力節省醫療費與照護費，但是以我的情形來說，節省這些花費就只有死路一條。」（七字頭男性）

那些陷入「老後破產」窘境的老人們都異口同聲地表示自己「想死」，我們幾個同隸屬採訪團隊的成員曾經多次議論此事，而當身處相同立場的觀眾們送來回響時，也大多觸及同一詞彙。

「我無法連死都是獨自一人啊。」有的老人淚流滿面地表示。節目海報以「名為長壽的惡夢」作為標語。

看著這串文字，眼前頓時浮現幾位年長者低語泣訴自己想死的情景，隨後這些情景又消失在眼前。深陷「老後破產」困境的日子可謂人間煉獄，也難怪他們會要詛咒那名為「長壽」的惡夢了。

現在仍有為數眾多的人對老後生活抱持著漠然不安。但是各位能想像嗎？自己的雙親，乃至於親朋好友也都可能陷入「老後破產」。

「老後破產」發生在我們生活周遭，因此不該擺出一副事不關己的態度。

第一章

獨居老人的困境

「老後破產」的社會背景

「老實說，我覺得早死早超生。死了就不用去擔心錢不夠用，而且我也不知道自己活著到底是為了誰。」

光靠年金，生活無以為繼

在東京港區，打扮時尚的年輕人們讓六本木、表參道等繁華的街道顯得人聲鼎沸。但是根據調查，目前都市地區的獨居老人急遽增加，而東京港區又是其中獨居老人受孤立情形特別嚴重的地區，因此正研擬相關對策。時值二〇一四年八月初，我們首度造訪那棟位於閑靜高級住宅區一隅的公寓。宅邸外停放整排外國名車，而在相隔一條街的地方，座落一棟屋齡五十餘年的木造公寓。

當時為了採訪一位獨居於此的男性，我們造訪公寓一樓最接近入口處的一間房間。男性早已讓房門敞開，似乎正在等待著我們這群不速之客。

「您好，今天請多指教了。」

我們在玄關處打完招呼後，男性請我們進入屋內。

「很亂吧？真是不好意思⋯⋯」

時年八十三歲的田代孝先生帶著一臉和煦笑容接受我們的採訪。進入玄關之後，首先映入眼簾的是約一．五坪的小廚房，往內走去則是一間三坪大小的房間。

或許是因為不常打掃，垃圾雜物散落在這個不到五坪的狹小空間裡，棉被也直接鋪在地上沒有整理。田代先生進屋後就坐在廚房地上，設法將散落一地的雜物推向裡面的房間。

「抱歉，因為房間有點亂，在這裡聊就好了吧？」

於是我們也在廚房席地而坐，眼神往內掃視，屋內情況一覽無遺。

玄關處衣服堆積如山，也不知道是乾淨的，還是正要清洗的髒衣服。廚房的洗碗槽則堆滿尚未清理的湯鍋、平底鍋。往房內一看，棉被就這樣鋪在地上，上面堆放了一些雜物。

「活到我這種歲數，就算知道房間很亂也懶得整理，再說就算想整理也是心有餘而力不足啊。」田代先生略顯羞愧地對初次見面的我們說道。

「現在有愈來愈多老人只靠著年金收入，因此無法安心地度過老後生活。聽說也有不少獨居老人，沒有家人隨侍在旁，生活過得相當辛苦。我們今天就是為此來採訪您的。」

田代先生邊聽著我們的說明，邊點頭稱是。他似乎也正在回顧自己的老後生活。

「我想這種人真的很多呢。我也覺得自己過去很努力工作，從來沒想過會弄成現在這副德性。」

田代先生一頭凌亂白髮，身形纖細，步履輕快，乍看之下頗為年輕，感覺不出已經超過八十多歲。不知他是否對穿搭也頗有研究，一身綠色連帽衫搭配牛仔褲相當適合他。但是在對話過程中，我們得知他之所以身形纖細，都是因為節省飲食開銷的緣故。這讓我們頗感驚訝。據他表示，在每兩個月發放一次的年金給付日前，他總是會窮到連買食物的錢都沒有，日子過得相當嚴峻。

「距離下次年金發放不是還要好幾天嗎？我現在手邊幾乎沒錢了，所以只能節省地吃剩下的冷蕎麥麵。」

他拿出兩把一百圓左右的冷蕎麥乾麵。

國民年金加上厚生年金，田代先生的月收約為十萬圓，在支付六萬圓的房租之後，他的生活費剩下四萬圓。再扣除電費、天然氣費等公共費用，以及保險費等費用之後，手邊只剩下兩萬圓的生活費。沉重的房租負擔，讓他的生活拮据困難，無

田代先生的收支

● 收入（每月）

國民年金＋厚生年金＝10萬圓

● 支出（每月）

房租＋生活費等＝6萬圓＋4萬圓＝10萬圓

餘額 0圓

法存錢。加上他也沒有多餘的錢可以搬家，以致呈現無語問蒼天的窘境。

田代先生所請領的年金為每個月滿額六萬五千圓的國民年金，以及尚未退休時公司預扣的厚生年金。由於半數的獨居老人所領到的每月年金收入都低於十萬圓，於是我們詢問他，為何不搬去房租較便宜的地區生活，這樣生活應該會變得比較輕鬆。

結果他本人卻指出了心有餘而力不足的現況。

「每個月的生活費都這麼拮据了，怎麼擠得出錢搬家呢？」

他的生活過得頗為嚴峻，雖然每個月兩萬圓的生活費還不至於會無以為繼，但是卻得在餐費等部分努力節省。對於田代先生來說，「搬家的話，日子不就會比較好過嗎？」或許是個殘酷的問題。我們很懊悔自己隨意問答，沒有設身處地為他考量。即便如此，田代先生仍是繼續接受採訪，看起來並未將我們的失禮放在心上。

退休前，田代先生忙於工作，沒有結婚生子，也沒有可以仰賴的親朋好友。他的雙親已然離世，與兩位兄弟也有好幾年未曾聯絡，彼此關係頗為疏遠。

「我也總不能只在痛苦的時候哭求他們幫忙啊。」

田代先生就這樣靠著有限的年金收入，獨自一人努力生活。每當快接近年金給付日時，他的錢包裡都只剩下數百圓。此時他會拿出僅剩的錢去百圓商店買蕎麥麵囤積，省吃儉用撐到給付日。這就是田代先生獨創的「節約法」。

逐漸陷入絕境的日子

田代先生平日總是竭力節省餐費，每天都盡量將生活費壓在五百圓以下。我們與田代先生一同前往他住家附近的超市買午餐，當時其中一位成員出聲詢問他要不要一起吃午餐。

結果田代先生駐足於平時不會前往的便當區，並在沉吟許久之後，挑了售價三百圓的鮭魚便當。後來他表示，平常他的午餐大多只吃一粒飯糰，完全不吃的情況也很常見。

對田代先生來說，年金給付日是個特別的日子。只有在確認款項匯入帳戶時，他才允許自己享受某個小確幸。那是由住家附近某所大學的生協食堂所推出，定價四百圓的定食套餐。因為那是間以學生為主要客群的食堂，因此定價平實，且分量與營養滿分，讓田代先生相當中意。

「套餐不只附有味噌湯，還有醬菜。這麼豐盛才賣四百圓，真的讓人很高興。」田代先生的表情看起來真的相當開心。

即便在拮据的年金生活當中，也不可能將餐費縮減到「零」。在竭力縮減餐費之後，田代先生又省下了電費，藉此補足仍然匱乏的生活費。他指了指天花板，那裡懸著一盞沒有通電的日光燈。

「忘記是幾個月前，我沒錢繳電費，結果就因為遲繳電費而被斷電了。剛好我也想省錢，所以之後就沒電可以用。」

獨居者每個月至少還得花上五千圓的電費，田代先生因為省下這筆花費，才得以避免陷入赤字，但是他的生活仍與「老後破產」只有一線之隔。

一般人無法想像沒有電的生活，電對我們來說已經是不可欠缺的事物，但是田代先生卻為了節省支出，乾脆過著無電的生活。某天田代先生起身準備洗衣服，他走向廚房的洗碗槽。由於無法使用洗衣機，因此田代先生的衣服全都是手洗，而且洗衣精也已經用完，所以只能用洗碗精代替。他將衣服放入洗碗用的水桶，淋上洗碗精後，就轉開水龍頭往裡面灌水。

——唰唰唰、唰唰唰。

田代先生沉默不語地洗著衣服。沒有空調的屋內悶熱不已，房門敞開，多少藉此通風減少悶熱感。蟬兒嘰嘰地叫，令人煩躁。

——唰唰唰、唰唰唰。

「嘰嘰、嘰嘰。」

——唰唰唰、唰唰唰。

「嘰嘰、嘰嘰。」

這副光景彷彿像是時光穿梭回昭和初年。聽著蟬兒們的大合唱，望著田代先生正在手洗衣服的背影，不禁令人懷疑，這真的是發生於「現今」的事實嗎？今時今日，這些老人生活在照護制度欠缺完善的環境當中，他們為了節約而不能用電，連餐費也得竭力節省，卻仍瀕臨破產，只能持續忍耐。看著田代先生的背影，令人對自己的未來也泛起不安。

——唰唰唰、唰唰唰。

「嘰嘰、嘰嘰。」

——唰唰唰、唰唰唰。

「嘰嘰、嘰嘰。」

洗衣聲與蟬鳴聲不絕於耳，這位年長者棲身於東京屈指可數的高級住宅區，而這正是他目前面臨的處境。

對於不能用電的田代先生來說，不能看電視是他感到最痛苦的事情。當老人沒有說話對象時，電視是最為可靠的存在。而對於沒有電視可看的田代先生來說，聽廣播是他唯一的樂趣。他在幾十年前買下的攜帶式收音機是他的寶貝，每當他獨自一人，不知道要幹什麼才好時，就該收音機登場了。夜幕低垂，田代先生的房內一片漆黑，伸手不見五指，也無法看書。在這種狀況之下，只需放入乾電池就能運作的收音機可說是必備品。

「這是我還在工作時買下的，我特別愛聽新聞。如果不知道時事，總覺得全身怪不對勁的。」

在一片漆黑的房內，田代先生呈大字形躺在被子上，身旁的收音機正播放經濟新聞。

（製造業曾經支撐日本的高度經濟成長，但是現在卻面臨工廠外移、外國產品進口等影響，產業持續衰退，從事製造業者也日益減少。）

不知道在田代先生聽來，這則從收音機中傳出的新聞是什麼滋味呢？我們無法在黑暗中確認他的表情，而收音機則持續傳出聲音。

拼死幹活，老後生活依舊困頓

田代先生從舊制中學畢業之後，就進入一家啤酒公司上班。當時他雖也曾有過念大學的想法，但是家境情況讓他打消了念頭。父親自幼亡故，田代先生是由母親一手拉拔長大。母親邊工作，邊處理家務，獨自養大三個小孩，這讓他甚至連想要念大學的想法都不敢告訴母親。

而之所以會選擇在啤酒公司上班，是因為當時公司位於銀座，讓他覺得在該公司上班「很酷」。他曾經在公司直營的啤酒餐廳擔任服務生，也曾做過會計，勤勤懇懇地在該公司工作了十二年。目前他所請領的厚生年金也是於當時支付的。

「我那時候都穿這套西裝。」

田代先生手裡拿著原本掛在衣架上的西裝，照理說這套西裝應該已經有些年分，但或許是因為受到田代先生細心照料，西裝並無絲毫褪色，看起來仍保持良好。

「您現在有機會穿它嗎？」

我不經意地出聲詢問，於是田代先生直接穿上西裝給我看。

「就只有西裝，我怎麼樣都捨不得丟掉啊……壁櫥裡面還有好幾套呢。」

田代先生穿上西裝，打直背脊，表情略顯驕傲，彷彿回到當年那個仍在公司任職，每天通勤的年代。時至今日，每當住所附近有活動，他仍會「盛裝打扮」地穿著西裝出席。聽到田代先生還是有機會穿著西裝外出，讓我們在開心之餘，也略感驚訝。在這個瞬間，我實際感受到，即便是瀕臨「老後破產」，田代先生仍然未捨棄自己的自尊。

由於田代先生懷抱著「想要自己經營啤酒餐廳」的夢想，於是他選擇辭去啤酒公司的工作。

年過四十歲，田代先生因為一個念頭而決心獨立。他辭去工作，並砸下畢生積蓄與離職金，又稍微借了一些錢，終於得償宿願，開了一間小居酒屋。店面剛開始經營得頗為順利，但是隨著景氣轉差，店面經營也漸趨不善、虧損連連。十個年頭過去，店面終究無以為繼，以倒閉做收。或許是不願意想起當年回憶，田代先生對這件事並未著墨太多。

「因為全心專注在工作上，所以我沒有結婚。」

每當提到當年的事情，田代先生總是一臉落寞。當時他深信「夢想一定會實現」，每天從早到晚忙個沒完，完全沒有考慮到工作以外的事。

「這是我畫的。」

對當時的田代先生來說，畫畫是工作之餘的唯一休閒，他拿出許多畫作給我們欣賞。畫作數量繁多，隨意估算便超過一百張，其中包括臨摹梵谷、畢卡索等畫家作品的畫、旅行時信手捻來的風景畫、人物畫……等等，田代先生都珍而重之地將它們保存起來。無論是用色、筆觸，高超的畫技都令外行人瞠目結舌。我們宛如發現新天地般驚喜不已，沒想到田代先生竟有令人意外的才能。此時我的目光落在其中一幅畫上。

「這個人是誰啊？」

畫中人身穿黑西裝，唇上蓄有鬍鬚，是一位剛邁入老年的男性紳士。他的身形挺拔，相貌堂堂。

「這是我啊。當時我在揣摩自己老年的長相，於是就畫了這幅畫。」

這是田代先生仍在工作時，以「老後的自己」為主題所描繪而成的自畫像。想來他當時是想像著自己經營餐廳，已經成為公司老闆的模樣吧。

「年輕時，我也不是完全沒有想過老年後的事啊。當時我每天都過得忙碌而愉快。即便如此，我還是盡力工作，可從來沒想到等著自己的老年生活如此淒涼。」

田代先生表示，退休前他最愛的就是工作，每天都過得忙碌而愉快。我們表示想要看看他年輕時的照片，於是他遞出了一枚圓徽章給我們。

那是一枚以他本人照片製作而成的徽章，據他本人表示，是在與朋友旅行時做的。

「這是跟朋友出去玩的時候做的，我也忘記是在箱根還是草津了。」

當時田代先生相當喜歡搭電車旅行，總是忙裡偷閒與朋友相約出遊。

在那小小的徽章上，田代先生臉上浮現溫和的微笑。看著那穩重的笑臉，我頓時被一個嚴峻的現實震得渾身顫抖，「原來一個平凡生活的人，也會陷入『老後破產』。」

生活保護制度的缺陷

根據日本憲法第二十五條規定，人民的「生存權」應獲得保障，因此年金額度較低，同時也沒有其他存款、財產的生活困頓者應可接受生活保護。但是包含田代先生在內，許多低年金收入的高齡者都並未接受生活保護。為何他們不打算接受社會支援呢？那是因為在他們眼前橫著一道名為「制度」的高牆。

「田代先生，您有接受生活保護的權利，為什麼不接受呢？」

「我已經有在領年金了，所以不能接受生活保護啊。」

田代先生以為自己每個月領取十萬圓的年金，因此不能再接受生活保護。由於不知道自己有接受生活保護的權利，因此自然也未曾到公家機關洽詢。不只是田代先生，許多領有年金的高齡者都對生活保護制度有所誤會。也常常聽到高齡者表示，為了做某件事而留有幾十萬的存款，認為自己無法接受社福保障。

如同田代先生，不時見到有高齡者認為自己每月有十萬圓的年金收入，因此不具備接受生活保護的資格，但是在我們將房屋租金也納入計算之後，發現他們完全符合條件，許多年長者因此頗感驚訝。

在分析獨居者的收入之後，結果顯示有多達兩百餘萬人每年收入低於一百二十萬圓（低於最低生活費標準），卻仍未接受生活保護。

當然在這些人當中，一定也有少部分的富人擁有存款、股票等財產，因此無須接受社福服務。但是因為政府並未明確訂定相關基準，指出收入低於哪種程度，才可以接受生活保護，以致許多高齡者都不清楚自己的權利，只能竭力忍耐。

公部門有必要設置居家訪問員等種種制度，積極地透過訪問活動等各種管道，將資訊傳達開來，以造福那些並未接獲正確資訊的高齡者。但是就現狀而言，一些在財政面力有未逮的公家機關也是心有餘而力不足，無法及時提出配套措施。

而隨著獨居老人急遽增加、年金給付額度減少、醫療與照護的自費負擔額度增加等因素影響，導致「收入減少」、「負擔增加」的情形持續加劇，極可能令高齡者面臨的現實更趨嚴峻。

究竟該怎麼做，才能夠成功拯救這些面臨「老後破產」危機的高齡者們呢？難以克服的難題聳立眼前。

獨居老人的現狀

獨居老人急遽增加，孤獨死的情形也時有所聞。有鑑於事態嚴重，東京港區實施了大規模問卷調查。以該區所有六十五歲以上的獨居老人為調查對象，向約六千位高齡者配發問卷。研究人員再針對回答問卷的四千餘位高齡者，進行更詳盡的訪談。放眼日本，地方公家機關以「獨居老人」為對象，試圖掌握其經濟狀況等資訊的做法也頗為少見。明治學院大學的河合克義教授等人就問卷調查結果進行分析之後，得出了令人玩味的結論。

人們普遍認為東京港區居住人口多半富裕，但仍有高於三〇％的獨居老人收入低於最低生活費標準（年收入低於一百五十萬，此為二〇一一年調查）。其中接受生活保護者約占兩成。亦即那些並未接受支援的高齡者，在人數上超過收入低於最低生活費標準之獨居老人的二〇％。

東京港區的行政單位對調查結果產生危機意識，第一時間著手擬定相關對策，於二〇一一年推出「關懷諮詢」服務，徹底落實訪視獨居老人的生活起居。專業訪視員將會造訪獨居老人的住家，詳細地傾聽當事人是否有經濟上的不安，或是在生活上有任何不方便、障礙。視情況需求，訪視員會為當事人轉介生活保護、訪問照護等公家服務。

當時我們也是隨著「關懷諮詢訪視員」的腳步進行採訪，才有幸拜會田代先生。

當訪視員知道田代先生瀕臨「老後破產」的窘境時，立刻說明他可以接受生活保護，並協助向福祉事務所[1]洽談，同時反覆向田代先生說明，會協助代辦申請手續。訪視員肩負「仲介」般的重要職責，協助那些不想使用社福服務的老人家與相關單位牽線。

港區訪視員松田綾子負責田代先生的案子，她具備社會福祉士[2]資格，是一位待人接物柔軟謙和的女性。

「在一個人訪問高齡者的過程當中，有遇過什麼很艱辛的事情嗎？」

松田女士臉上掛著笑容，表示在訪視的過程當中吃些苦也是理所當然的，語畢也向我們道出她的經驗。

「我常常在玄關就被老人家怒罵，叫我快滾回去，現在早就習慣了。」

東京港區被列為支援對象的獨居老人有六千名，而負責訪視的訪視員卻僅有十一名。由於全數訪視有其難度，因此訪視員鎖定了兩百戶經濟條件困頓者，重複進行訪視。第一次訪視時被掃地出門是家常便飯，除非多次訪視，否則年長者大多不肯吐露自己正遭逢困境。

「一旦牽涉到收入與經濟狀況，年長者總是不太肯說真話。有時候我們甚至必須花上將近一年的時間，才能夠跟年長者建立互信關係，並得知他們經濟拮据。這種情況相當常見。」

要讓素昧平生的陌生人知道自己收入微薄、生活困頓，年長者自然會有所防備。但若是不釐清現況，也無法為他們提供協助。這也令我再次體認到，訪視員的工作是何其困難與重要。

1 類似台灣的社會局。

2 日本社會工作證照制度，近似於台灣的社會工作師。

存款只出不進的恐懼

「其實還有一位讓我頗為操心的年長者。」松田女士透露。

在松田女士前去訪視該位高齡者時，採訪團隊也隨行前往。隨著松田女士的腳步，我們走進了一棟建齡約五十年，兩層樓高的公寓。從布滿鐵鏽的鐵製樓梯步上二樓後，松田女士敲了敲沒有門鈴的房門，以親近的語氣打了聲招呼。

「您好，我是關懷諮詢訪視員，從港區來的。」

房內傳來應門聲，沒多久房門敞開，探出頭來的是一位白髮蒼蒼，氣質高雅的女性。採訪團隊在傳達了同行採訪的要求後，對方答應了我們的要求，條件是要以匿名方式進行。

她是已經八十高齡的木村幸江女士（假名）。從門口向內觀察公寓的格局，可以發現裡面有個約一・五坪大小的廚房，再往內走去則是兩個約三坪大小的房間。木村女士的收入只有國民年金，每個月約六萬餘圓。這筆收入剛好用來繳房租，生活支出則都靠著存款。她表示直到七十歲為止，她還可以靠著做家庭幫傭貼補家用，但是現在身體已經沒辦法承受較高強度的活動，自然也無法工作了。

「您有考慮接受生活保護嗎？」

松田女士曾經多次勸說木村女士，但是木村女士總是回說「沒辦法啦」。其實木村女士過去也曾有過接受生活保護的想法，因此前往公家機關的窗口諮詢，結果當她提到自己還有幾十萬的存款之後，職員直接要她等存款用完再來申請。

「把存款花光真的就能申請生活保護嗎？如果不行我不就要餓死了？」

木村女士對此相當不安，擔心若是存款見底，手邊沒有錢，結果又不能接受生活保護，自己該何去何從。因此她盡可能節省存款支出，竭力減少餐費等生活花費。但是存款持續減少，這讓她愈來愈感到不安。

松田女士也多次就制度面向木村女士說明，希望可以讓她理解。

「只要存款低於一定數字，就可以接受生活保護。這種時候請儘管放心，盡快跟我聯絡。」

「真的只要沒有存款，就能接受幫助了嗎？」木村女士再三確認。

當一個人收入微薄，若是連存款也沒有，當然會擔心未來如何生活。而公家機關的窗口也只例行公事般地說明「有存款的人無法申請生活保護」，請她存款用光時再來申請，木村女士會感到不安也是在所難免的事。

「有存款者無法接受生活保護。」畢竟生活保護的資金來源是稅金，因此我們當然能夠理解上述原則。但是另一方面，這個「規矩」卻也將不少高齡者逼得走投無路。

「活著好辛苦啊。」木村女士多次泣訴道。

聽到這句話時，松田女士似乎總是難過得無言以對。

「為什麼您會感到如此辛苦呢？」

「公所的人是叫我存款沒了再去申請，但如果到時出了什麼差錯，讓我沒辦法接受生活保護，我就只有死路一條了。把存款提出來花光，這件事說來簡單，但是對我來說，看著存款數字慢慢減少，是一件很可怕的事情。我總是感覺自己快要被逼到絕路，晚上都睡不著覺。」面對上述問題，木村女士勉強擠出聲音，喃喃說道。

為數眾多的高齡者僅擁有微薄存款，瀕臨「老後破產」，同時也憂心自己是否得以接受生活保護，精神壓力極大。我多次從這類高齡者口中聽見「想死」一詞，這是他們發自內心的吶喊。每當聽到這句話，我只能默默地聽在耳中，擠不出任何話語鼓勵、安慰他們，我對這樣的自己深感厭惡。

「等到我臥床不起，又有誰會來照顧我？雖然可以使用照護保險，但那也要花錢啊。如果因為使用照護保險而沒辦法接受生活保護，我就只能一個人在這房間裡等死了。」某位女性在丈夫去世後獨居，多次泣訴想要追隨丈夫的腳步死去。

「我至少要留下辦喪事的錢啊。」某位男性表示，自己不想讓目前沒有住在一起的孩子們困擾，因此存著一筆約五十萬圓的存款，以致無法接受生活保護。孩子們的生活已經不好過，總不能還要他們負擔自己的葬禮，因此他留有一筆辦喪事用的錢。但是現行制度卻不允許申請者留有如此微薄的存款。

對於已經無力工作賺錢的高齡者來說，存款是他們最後的壁壘。我曾經多次聽聞高齡者哭訴，花光存款一事讓他們感到多麼痛苦。這些年長者從年輕辛勤工作到退休，支撐起社會運作，但是卻在邁入老年後被逼得必須放棄僅有的存款，甚至陷入「想死」的負面情緒。這是名為「老後破產」的現實，在採訪過程當中，我發現如果不設法抑制這種現實帶來的負面影響，社會的道德良知甚至可能土崩瓦解。

為節省開銷，有病痛仍不肯就醫

在那些瀕臨「老後破產」的高齡者當中，有不少人即便生病，也苦撐著不去就醫。進行問卷調查的目的之一，就是「發現」那些無力使用醫療、照護等公家服務，離群索居的年長者。

透過問卷調查與事後訪問，訪視員找到了一位泣訴自己不想去醫院的女性。為了詳盡了解真實狀況，訪視員介紹了山本幸女士（假名）給我們認識，她長年獨居，現年八十多歲。每個月六萬多圓的國民年金收入在繳完房租之後，就只剩下約一萬圓可以用來生活。這讓我們倍感驚訝，想要知道她為何不肯利用生活保護等社福制度。於是我們決定直接與她見面，聽她娓娓道來。

我們在八月中旬前去造訪山本女士，當時連日氣溫都飆高到三十五度，炎熱不已。山本女士在採訪過程中拿下捲在脖子上的毛巾，告訴我們毛巾中放有冰塊，可以用來降低脖子的溫度。這是她用來節省空調電費的小智慧。購物也都刻意選在即期品特價出清的傍晚之後。

「就算只是十圓，甚至是一圓，對我來說都很重要啊。」

山本女士節省到極致，以每個月一萬元的生活費拮据度日，這絕不容易。而她當然也沒有餘裕去看醫生。

「我的心臟有個老毛病，訪視員勸我要去大醫院接受檢查，但是我還沒有去。檢查出來一定不會是好結果。接下來的治療、住院、開刀都要花錢，對吧？可是我沒有錢啊。」

山本女士甚至「節省」去看醫生的錢。如果她真的生病了，置之不理可能導致症狀加重。「老後破產」現象逐漸擴大，開始出現一些無力接受醫療服務來保命的高齡者。我們發現山本女士沒去訪視員介紹的醫院接受檢查，這讓我們非常在意，之後又數次拜訪。起初她只肯在玄關前與我們談話，但是在第四度拜訪時，她終於肯招呼我們進到家中了。和室設計的起居室擺有山本女士母親的佛壇，在我們提出想要上香的意願之後，她道了聲謝，空出佛壇前的位置。

在默禱之後，我們轉身看向山本女士，發現她已經為我們準備了瓶裝茶水與點心。山本女士在生活中連一圓都必須竭力節省，讓她費心招待實在讓我們過意不去。她還打開了原本為了節省電費而不吹的電風扇，並將方向朝向我們，一陣一陣柔和舒適的清風吹上心頭。

我們發現房內掛有設計新穎、顏色鮮豔的洋裝，以及帽沿寬大的帽子。

「您有好多漂亮的衣服跟時尚的帽子哦！您喜歡這類設計是嗎？」

「這些都是我還有工作時買的，我很寶貝它們。現在可就沒錢買囉。」

山本女士抬頭挺胸地回答我們的問題。

山本女士年輕時任職於百貨公司的仕紳賣場，時值昭和四〇年代（一九六五～一九七四年）。當時女性出外工作相當少見，百貨公司是眾家女性嚮往的職場。年輕時的山本女士總是身穿設計稍顯華麗的連身裙，戴著帽沿寬大的帽子，颯爽地漫步街頭，可說是氣質脫俗，走在時代尖端的女性。

「我的個性就是有話直說，結果每天都有人故意刁難我，認為我不過就是一個女人之類的。但是那時工作起來還是很快樂啊……」

山本女士的個性不服輸，工作上的表現往往令男性深感慚愧。每天她總是會工作到大半夜才回家，休假時她就會更加打扮自己，然後再外出購物，或是去聽爵士樂。

「那時候我很喜歡逛街，穿著高跟鞋走上一個小時完全不成問題呢。」

山本女士對自己當時的工作感到自豪，獨力支撐起與母親兩人的家計。對於工作，乃至於私生活，她都未曾抱有不滿，也並未結婚。怎知回過神來，她已經獨自一人生活。

「當時我完全想像不到，自己現在的生活會過成這樣。我明明很認真的工作，沒想到現在生活會過得這麼困苦……」

山本女士有氣無力地喃喃說道，她那寂寥的表情令我至今難忘。

不願造成他人的困擾

山本女士在男裝賣場工作到五十七歲才退休，為什麼她無法領厚生年金呢？

在當時的制度下，員工退休時可以「一次性」地向企業領完厚生年金。許多人在懵懂無知的情況下利用了這個「厚生年金離職金制度」，以致往後無法按月領取厚生年金。

「以前在離職時可以一次領取過去累積的厚生年金，那時候我還不知道年金的重要性，所以就一次領完了。結果也害我現在沒有厚生年金可領。」

考量到當年的物價，山本女士並沒有領到太多的金額。以現在的角度來看，一次性領取厚生年金更是大大吃虧。山本女士也是等到開始為金錢所苦之後，才察覺到這件事情。

結果導致山本女士現在的收入只剩下國民年金。由於這筆收入並不足夠，因此她也省著花用自己過去慢慢存下來的儲蓄，以供生活所需。而她希望可以盡量抑制存款減少的速度，因此即使身體不適也竭力忍耐，盡可能不去看醫生。這是就外人看來難以置信的現實。

「說真的，我有好長一段時間都是苦幹實幹，結果現在的生活卻是這樣。害我感覺好空虛，不知道自己至今為止的人生有什麼意義。」

山本女士的兄弟沒有與她同住，但是很關心獨居的她是否過得安好，總是會定期打電話來關切她，或是來找她玩。即便如此，山本女士仍然不打算在金錢面依賴她的兄弟。

「正因為他們是我重要的家人，我才不想要給他們添麻煩。與其要麻煩他們，我還不如忍受痛苦的生活跟不能去看醫生的日子。」

話語間透露出她的覺悟。或許在各位讀者當中，會有人認為「只要尋求家人、周遭朋友的幫忙，日子就可以過得更輕鬆啊」，但是當自己也邁入老年之後，各位真的有辦法做到這種事情嗎？

事實上，有不少高齡者認為，與其造成別人困擾，還不如死了乾淨。

這或許是他們在工作時期努力生活的驕傲，也或許是不希望晚輩費心照顧他們。無論真相如何，對於那些不向周遭求助的高齡者，在各位產生「他們是自作自受，誰叫他們不求助」，並割捨這些高齡者之前，得先考量到某些因素。

不管是現在多麼健康的高齡者，未來都有可能需要仰賴他人幫助。年輕人總有一天也會邁入老年。恐怕不管是誰，在邁入老年後都會產生「不想仰賴他人幫助」、「不想造成他人困擾」的想法。

當我們結束採訪，準備告辭時，山本女士從袋中取出一條新的手帕，包入冰塊之後交給了我。

「今天這麼熱，你也很辛苦啊。所以把這條手帕纏在脖子上再回去吧。」

她的溫柔令我感動，同時也感到過意不去。

返家的路程上，我不捨得將手帕纏在脖子上，因此改握在手中，冰塊的清涼陣陣傳來。於此同時，我也在思考該如何幫助山本女士。但是直到冰塊融化，我仍得不出任何結論。

「日子已經不好過了，能省則省吧。」

田代孝先生獨自一人居住在被斷電的公寓中。領取年金後，兩個月過去了，再過幾天就又是年金給付日，此時他終於無法避免「老後破產」。現金完全見底，他神情憔悴，面有菜色。

「您身體還好嗎？有沒有好好吃飯？」

田代先生聞言拿出一個小小的束口袋，並把它打開給我們看。他把袋子倒過來抖了抖，叮叮噹噹地掉出來一些銅板，全都是一圓。

「說來慚愧，我手邊只剩下這些現金，差不多只有一百圓吧。」

他把錢放回袋中，並深深地嘆了口氣。

「您平常都吃些什麼呢？」

田代先生起身走向廚房，並拿起架在瓦斯爐上的平底鍋，給我們看看裡面。鍋內還剩下半包調理包咖哩飯。

在港區訪視員前來訪視田代先生時，他告訴訪視員自己已經沒有錢吃飯，訪視員表示可以到福祉事務所領取調理包。於是他從善如流地領取數天份的咖哩、濃湯等調理包，勉強餬口。

「這樣一包可以吃兩次，我分成兩餐吃。」

平底鍋中還留有一餐份的咖哩飯，但是距離年金給付日還有好幾天，接下來他又要如何度過呢？

「我早就預料到這種狀況，所以買了些冷蕎麥麵來放囉。」田代先生說明道，彷彿是看穿了我們的擔憂。

他拿出了兩把一百圓的乾蕎麥冷麵，袋中只剩下一把。

晚間七點，即便是夏日時節，天色仍是暗了下來。田代先生夜不閉戶，外頭傳來鄰居切菜準備晚餐的聲響，以及陣陣醬油香氣。

田代先生也開始在公寓內準備晚餐。對於午餐幾乎粒米未進的田代先生來說，這可是極其貴重的「一餐」。由於已經被斷電，屋內漆黑一片，他只能仰賴瓦斯爐上的火光，摸黑作業。伴隨一聲輕響，瓦斯爐的火焰冒出頭來，稍稍為屋內帶來一絲光明。用平底鍋將水煮沸之後，他放入一把蕎麥冷麵，這是他僅剩的蕎麥冷麵。由於看不見水沸騰的情形，因此他多次將臉貼近平底鍋，藉此確認麵是否可以起鍋。每到接近年金給付日，他的現金大多都會見底，因此總是要過上連日吃蕎麥冷麵的生活。

田代先生將煮好的蕎麥冷麵裝進碗公裡，接著在另一個碗內倒入醬油，這就是他的晚餐。一頓在漆黑房間內，孤單一人享用的寂寥晚餐。

「呼嚕嚕。」

他大口吸入蕎麥冷麵，周遭連電視的聲音都沒有，更別說是人的說話聲了。

「好吃耶……」

田代先生邊吸著蕎麥冷麵，邊口吐讚耶、好吃耶等話語。

「呼嚕嚕。」

晚間八點，用完餐的田代先生也沒有其他事情好做，於是早早上床就寢。跟平時相同，他從廚房走到裡面那間鋪有棉被的房間，並打開收音機，電台正在播放一首國外搖滾樂團演唱的熱血歌曲。

我們表示差不多該告辭了，並做好返家的準備。

「啊，玄關的門不要幫我關上。」正準備離開時，田代先生抬起上半身對我們說道。

雖說我們也擔心夜不閉戶地睡覺是否會有危險，但是仔細想來，門一關上，走廊的燈光就照不進來，加上現在正值盛夏，屋內又沒有空調，關上門會導致通風不良，有中暑的疑慮。

「晚安。」

在稍微糾結之後，我們離開了田代先生的家，留下敞開的玄關大門。至少如此一來，涼爽的微風就可以吹進屋內。

幾天後，我們照例前去公寓拜訪田代先生，一眼就看出田代先生臉色不太好。他臉色發青，似乎頗為痛苦。

「您身體不舒服嗎？」

說話間，田代先生似乎強行忍耐，不時浮現苦悶的表情。

「我頭好痛啊。」

我們不確定這是因為營養不良，或是中暑所導致的症狀。用手觸摸他的臉與手之後，似乎沒有發燒。雖說如此，我們仍是勸他去看個醫生。

但是田代先生卻搖了搖頭。

「不用啦，我吃這個藥就沒事了。以前也都是這樣過來的。」

他拿出之前買好的成藥，那是在任何藥局都買得到的市售頭痛藥。當中含有鎮痛效果，多少可以讓頭痛症狀獲得舒緩，但是為求保險起見，我們還是勸他去看個醫生。

但是他還是頑固地搖了搖頭。

「看醫生不是得花錢嗎？我沒有多餘的錢可以花在那裡啊。日子已經不好過了，所以能省則省吧。」

不只是這天，田代先生其實已經好幾年沒有去看醫生了。在出現頭痛、肚子痛，乃至於其他的小病痛時，他總是會靠著成藥撐過去。田代先生已經年滿七十五歲，年金收入也在基準值內，因此醫療費用的自費負擔為「一成」。即便他去看內科，並接受各種檢查，費用也不至於超過一萬圓。但是對於田代先生來說，幾千圓也是珍貴的生活費。想起「蕎麥冷麵」，我們無法逼他就醫。

「沒關係的，每次我頭痛只要吃這個藥，再睡一下子就會好了。」語畢，田代先生轉過身去，直接躺下入睡。

田代先生表示，沒有錢去看醫生還是對他造成了困擾。因為他在幾年前弄丟假牙，期間也幾度興起重做一副假牙的念頭，但卻沒有餘裕，因此也未曾諮詢牙醫。考量到田代先生在家計上的拮据現實，我們也不能什麼東西都要他買下來。

可能付不出房租與買不起食物的恐怖充斥田代先生心頭，令他無法前往醫院看病。

田代先生吃完頭痛藥就進入夢鄉，看著他那拱起的背部，我突然想到，如果換做是自己，是否有辦法忍受這種情況……

不想暴露貧窮的事實

「比起窮到沒錢去看醫生，有件事更讓我難受。那就是沒有朋友與認識的人。」

走在公寓附近的街道上，田代先生如此對我們娓娓道來。當時我們準備前往港區一處為維持高齡者健康所建立的公共設施，其中除了設置澡堂與圍棋室，還會定期在寬廣的樓面舉辦體操課等活動。六十歲以上的當地居民只要登記就可以免費使用。田代先生每天早上從自家出發，走上約五分鐘的路程前往該設施。

「家裡因為被斷電，所以沒辦法開冷氣，在這裡就可以吹一下免費冷氣了。而且還可以看免費的電視跟報紙，很適合用來打發時間。」

步入設施後，田代先生在鋪有榻榻米的大禮堂打開電視。大白天的，大禮堂內卻空無一人，田代先生就這樣自己看著新聞。過一陣子，他表示該吃午餐了，並拿出他在路上買好的「酸梅飯糰」，這粒飯糰就是他今天的午餐。吃著飯糰，田代先生面無表情、眼神呆滯地看著電視機畫面。用完午餐，無所事事的田代先生前往隔壁的圍棋室。但是他找不到對手，因此也無法下棋。雖說現場已經有幾位高齡者正在愉快地下棋，但是田代先生並未加入他們的行列，而是選擇走向位於圍棋室深處的書櫃，並從那擺有小說、旅遊文學等書籍的書櫃抽出一本書，坐在椅子上陷入書中世界。

沒過多久，田代先生剛才在看電視的大禮堂開始上起體操課，當中傳出許多高齡者做體操的「一、二、三、四」聲，以及歡笑聲。田代先生偶爾也會抬起頭，以寂寥的神情稍微看向大禮堂，然後又沉默不語地看起書來。在晚間七點多時，田代先生起身表示該回家了。輕聲說道後，田代先生就離開設施，過程中並未與任何人有互動。這座設施的目的是為了讓高齡者能夠相互交流，但是田代先生卻沒有這麼做，連招呼都不肯打，更別說是談天說地了。

晚上返回公寓後，他先坐在外頭的樓梯上乘涼。由於晚上也是酷暑難耐，因此他總是會先在外頭圖個清涼，等待屋內沒那麼炎熱再進到家中。即便太陽已經西下，整天沒開空調的屋內仍是悶熱得宛如桑拿室。就著外頭的燈光，我們就這樣坐在樓梯上，聽著他聊起陳年往事。

「我以前朋友可多了。」

還在啤酒公司上班時，他最喜歡跟同事、朋友去旅行了。

「我也很喜歡看鐵軌、搭電車。我會搭著搖晃的火車去泡溫泉，或是去欣賞美麗的自然景色，這是當年的一大樂事啊。」

他從孩提時代就對蒸汽火車的帥氣心醉不已，火車駕駛員是他夢想中的職業。長大成人後，他還是個徹頭徹尾的鐵道迷，甚至曾被旁人笑稱為「鐵道宅男」，對鐵道的熱情從未冷卻。

「那時候我搭著電車跑過不少地方旅行呢。如果現在能夠再去旅行一次，不知道有多好啊……」

他彷彿看著遠方般地回憶道。但是這個夢卻已經無法實現了。

「說到貧窮最令人痛苦的地方，就是朋友會慢慢離你而去。畢竟不管要去哪玩、做什麼事情都要花錢，所以只能夠忍痛拒絕朋友邀約。幾次下來，朋友也不會再邀你了，這就是貧窮最令人痛苦的地方。」

田代先生在居酒屋倒閉之後，存款也花費一空，只能靠著年金拮据度日。但是他卻不希望周遭朋友發現他幾乎破產，因為他不想被過去關係平等的朋友同情。

漸漸地，朋友約他去旅行、吃飯時，他只能夠忍痛推辭。幾次下來，拒絕朋友也令他感到痛苦不已，最後只能刻意避開與朋友見面，藉此避免朋友邀約。最後終於沒有人再邀約他了。

「沒錢怎麼付得起結婚禮金、喪禮白包呢？沒錢想要維持人際交際都沒辦法啊。」

就連朋友的餐會都無法參加，這令田代先生感到無地自容、形單影隻、慘然不樂。沒了錢，與朋友間的「聯繫」就此斷絕。

田代先生拿出一疊用橡皮筋束起的信件、明信片。數十年前，他與朋友們的交情甚篤，逢年過節總是會收到許多問候。而他似乎珍而重之地將這些信件、明信片保存起來。泛黃變色的信紙，娓娓道出在與朋友分道揚鑣、從此不再見面之後，究竟度過了多麼漫長的歲月。

談完朋友的事之後，田代先生面無表情地在昏暗房內傾訴內心獨白。

「說老實話，我想要快點去死一死。因為人死了就不用擔心錢從哪裡來。而且說真的，我也不知道自己現在這樣活著到底是為了誰。我好累，想要快點死一死，對人世也沒什麼留念了。」

他以平淡的語氣講出「想死」，這句話聽來刺耳，也令我們體會到「老後破產」的可怕。

由於年金收入不足，因此田代先生的生活困頓，也捨不得花錢看醫生。雖說事態如此嚴峻，但也不至於令他泛起「想死」的念頭。我想真正痛苦的事情是失去與人們，乃至與這個社會的「聯繫」，不知道該為何人、何事而活的徬徨感吧。

過去我們也遇過不少高齡者雖然生活拮据，但是有孩子、孫子作為生活重心，或儘管與其他人無親無故，但仍投身於地區活動，從中獲得生活重心。這類高齡者的確擁有心靈的歸屬。

但是當「老後破產」的現實扣上板機，斷絕高齡者與社會的「聯繫」，令他們頓失生活重心與心靈歸屬時，他們甚至會失去活著的力氣。

我們認為當務之急是給予田代先生經濟方面的支援（亦即生活保護），藉此令他的生活回到正軌。但是真正必要的支援是設法重建他那因為「老後破產」，而與社會斷絕的「聯繫」。

八月底，田代先生手邊囤積的蕎麥冷麵已經吃光，此時福祉事務所剛好向他連絡，對此他已經期盼許久。

「福祉事務所要我找時間去他們那裡領生活保護費。」

由於該區的訪視員幫他辦理相關的申請手續，流程也跑得頗為順利，因此他終於可以接受生活保護了。由於田代先生每個月都有十萬圓左右的年金收入，扣除這筆收入，福祉事務所每個月還會再補助約五萬圓的生活費。

田代先生前往福祉事務所拜訪的當天早上，我們同樣在八點前造訪他的公寓，向他道了聲早安。此時他早已盥洗著裝完畢，隨時準備出門。他一副迫不及待的樣子準備起身，即便我們表示時間還早，福祉事務所還沒開始上班，他看起來仍是坐立不安，彷彿是在擔心再不快點去福祉事務所，就要與生活保護失之交臂。

田代先生提早在服務時間開始前抵達福祉事務所的門外等待，門一開他就逕自踏入事務所。向窗口告知姓名之後，職員要他在大廳等候唱名。

「田代先生，這邊請。」

唱名後，職員帶領田代先生前往諮商室，此時一位女性承辦人員步出諮商室迎接他。生活保護的承辦人員同樣隸屬於福祉事務所，負責給予生活保護請領者生活諮詢，以及輔導再就業等等。由於都市地區的生活保護請領者急速增加，因此每位承辦人員負責一百人以上的案例相當常見。田代先生坐定位之後，承辦人員遞給他一個白色信封，表示裡面放有一個月份的生活保護費。

「真的很謝謝妳。」

田代先生深深地向承辦人員低頭致謝。

離開福祉事務所之後，田代先生兀自念佛般地重複呢喃「真的很謝謝啊」，也不時口吐「抱歉」、「對不起」等語句。在「感謝」生活保護費的補助之餘，他似乎也對這筆錢是來自人民納稅錢一事感到過意不去。

「我也希望盡可能地忍耐，避免自己去拿生活保護費啊。」

這是田代先生的真心話。但是對於連餐費都無以為繼的他來說，也只能接受生活保護。生活的艱辛程度已經超越「忍耐的極限」，而這正是將人逼至窮途末路的「老後破產」。

考量到田代先生複雜的內心，我們不知道生活保護政策究竟是好是壞。但是如此一來，至少田代先生的房內可以開燈了。想起他在漆黑房內吸著蕎麥冷麵的身影，不由得令我覺得，接受生活保護對他來說是件好事。

誠如前面所述，日本憲法第二十五條保障「所有國民均有享受健康與文化之最低限度的生活權利」。當收入低於其中規定的最低限度時，國民即可接受生活保護。在接受了生活保護之後，除了無須擔憂生活費，也可以保障無償接受醫療、照護等公家服務。實際上，有不少高齡者雖說可以透過節約來維持生活開銷，但是卻無力負擔醫療、照護等費用，以致必須接受生活保護。

而其中存在一個矛盾。那些僅仰賴年金收入，努力生活的人，因為沒錢而需要強忍病痛，不敢去看醫生。但是只要接受生活保護，除了無須支付醫療費之外，也可以在有需要的時候直接前往醫院看病。雖說他們只是在行使自己當然的權利，卻仍讓我產生一種「搔不到癢處」的煩躁感。這是因為如果能保障那些僅仰賴年金收入生活的人「安心接受醫療服務的權利」，或許會有更多人能夠及早獲得救贖，也會有更多人在生活上無須仰賴生活保護。田代先生也不需要非得等到獲得生活保護後，才能接受忍耐許久的假牙治療。

「真是謝謝啊。」

田代先生反覆吐露出感激之情，想到他長期忍受如此艱辛的生活，不由得令我們思索，是否有方法能夠盡快向他們伸出援手。

解決問題的三大面向：居住、生活、人際關係

在接受了生活保護之後，田代先生首先要面對的問題就是，「住家」的問題。他目前居住在一棟木造公寓裡，每個月的房租為六萬元。而針對單身人士，東京都每月可提供作為居住費的生活保護費上限為約五萬四千圓，因此田代先生的房租已

經超出此上限。其實原本田代先生若是能搬到房租相對較便宜的公營住宅，即便不接受生活保護，也可以靠著每月十餘萬的年金收入，過著還不錯的生活。但是他卻因為無力支付搬家費、押金而放棄搬到公營住宅。直到接受生活保護之後，政府會負擔搬家到租金較為便宜處的搬家費，才讓田代先生終於獲得搬家的機會。

而在聽到地區的承辦人員表示東京都都營住宅區下個月開始募集房客之後，田代先生趕緊提出申請，等待抽籤結果。

雖說抽中的機會頗低，可能會抽不中，但是田代先生仍義無反顧。這是因為他長年抱持著「再次依靠自己的年金收入過活」的願望。

低所得高齡者在承租都營住宅區的房子時，只需支付一萬餘圓的房租。時下仰賴年金收入拮据過活的高齡者愈來愈多，對於他們來說，這種房租低廉，以獨居老人為主要承租者的公營住宅制度是支持老後生活的基礎，但低所得高齡者若是無法負擔搬家費用，機會仍然渺茫無望。其實對於許多高齡者來說，若是能夠在制度面稍加調整，藉此弭平其中「間隔」，讓他們能夠搬到房租便宜的公營住宅，也就無需接受生活保護了。

但是現行制度卻缺少居中協調的單位，高齡者必須在接受生活保護之後，才終於獲得搬到「房租便宜處」的機會，並在搬家之後，才得以無需接受生活保護，以社福照護的本意來說，無疑是本末倒置。

而在透過生活保護制度解決了「居住面」與「生活面」的困擾之後，緊接而來的問題則是如何協助高齡者建立與社會間的「聯繫」。田代先生由於長年生活拮据，而避免與人們交際，因此身邊也沒有可以信賴的朋友。若是不給予他一些幫助，又要他到哪去尋求與社會的「聯繫」呢？

雖說在受補助者較多的都市地區，生活保護承辦人員每年只會與受補助者碰幾次面，並無法面面俱到地給予重建社會「聯繫」所需的支援。但是在日本各地卻已經推出許多措施，幫助容易孤立的高齡者們與地區建立起「聯繫」。「地區包括支援中心」等機構是高齡者在生活諮商、照護服務等方面的據點。以這些機構作為起點，社福團體、NPO、照護事業所、社會福祉協議會等組織正同心協力，配合地區特性，試圖重建高齡者與社會的「聯繫」。

除了訪問獨居老人的活動之外，港區也摸索著各種幫助重建高齡者與社會「聯繫」的可能性，譬如讓高齡者加入生涯學習、志工活動等社會參與活動。我希望田代先生也能夠獲得這類機會，藉此再次重建與社會之間的聯繫，進而取回「活著的力量」。

讓老人也能「開心生活」的未來

領到生活保護費之後，田代先生首先前往的地點是理髮廳，並表示已經好幾個月沒去剪髮了。理髮廳位於一棟住商混合大樓的二樓，門口貼有「剪髮一千三百圓」的廣告。

田代先生坐上剪髮椅之後，向理髮師表示想剪得乾淨俐落些，理髮師隨即手腳俐落地幫他剪起頭髮來。過程中田代先生一直閉著眼睛。最後理髮師幫他剪了一頭清爽整齊的短髮，還順便幫他剃了鬍子。

在理髮師表示剪好了之後，田代先生緩緩睜開雙眼，並在看了自己在鏡中的樣貌後，貌似滿意地點了點頭。看著田代先生在鏡中的樣子，我突然想起那張他以自身老後為主題的自畫像，畫中的他身穿西裝，唇上蓄著鬍鬚，一派紳士風範。

田代先生過著與「畫中想像」相距甚遠的老後生活，剪髮加剃鬍的費用總共約為兩千五百圓。

田代先生在拿到生活保護費之後，之所以先跑去理髮，而不是吃飯購物，我想理由或許是為了取回自己的榮譽感吧。

在描繪那幅自畫像時，他的心中一定勾勒出豐碩的老後生活。當時日本正值高度經濟成長期，是一個只要努力就會有收穫的社會。也因為這樣，才會讓他深信只要認真工作，就可以獲得安逸的老後生活吧。我想不只是田代先生，時下的高齡者在當年也都如此深信不疑。

但是日本現在已然進入超高齡社會，核心家庭也成為家庭構成的主流，社會結構上突然進入劇變期，原先社會保險制度的前提，是由家人來支撐高齡者生活，但是獨居老人的人數以數百萬人為單位，急遽增加，以致上述制度開始失能。在這種情況下，「老後破產」的現實逐漸擴散開來。

「我從來沒想過生活會變成這樣。」

田代先生，以及許多歲數與他差不多的高齡者都如是說。原本總是認為自己的老後生活會無憂無慮，現實卻是連飽食都成問題，這著實與心中的老後生活藍圖有著過大落差。

雖說如此，高齡者們仍希望取回過去所描繪那種「可以安心的老後生活」，並保有自身的榮譽感。當田代先生於理髮廳閉上雙眼時，或許也是希望睜開眼睛時能夠看到一個「截然不同的自己」。

離開理髮廳之後，田代先生的背脊稍微挺直，破風邁步而去的背影也顯得英姿颯爽。我由衷希望他能夠以此為契機，邁向「重新振作」之路。

「活著真好。」

作為採訪者，更作為曾與田代先生打過交道的人，若是在未來能夠聽到田代先生這麼說，那麼我將會感到無上的喜悅。

社會該如何支持那些被「老後破產」逼至山窮水盡，無力生活的高齡者呢？又該如何發現那些盡力忍耐，不肯對外求援的弱勢者，並予以支援呢？

我們已經迎來超高齡社會，事態也漸趨嚴峻。而問題能否獲得解決，取決於我們的覺悟。

——

獨居老人問卷調查：「老後破產」蔓延現況

時下獨居老人人數急遽增加，社會疏離與孤獨死的情況也漸趨嚴重。東京港區分別於二〇〇四年與二〇一一年針對獨居老人實施問卷調查。該調查的目的是掌握獨居老人實際的生活狀態。

「獨居老人僅仰賴年金收入，因此經濟困頓的比例較高。」明治學院大學的河合克義教授曾於日本各地，諸如千葉、沖繩、山形等地實施相同調查，並根據調查經驗提出觀點。

首先我希望各位注意到的是，高齡者的收入低於生活保護水準，亦即陷入「老後破產」狀態的比例。隨著地區差異，物價也有所落差，因此生活保護費的水準並不一致。河合教授等人表示，年收入一百五十萬（港區獨居老人的生活保護費試算額）是在港區貧窮與否的分界線。而調查結果顯示港區約有三一．九％的調查對象年收入低於此線，亦即有超過三成的人在收入接近「老後破產」狀態。

另一方面，收入高於四百萬的人則攀升至一二．三％。河合教授等人分析，高齡者在都市地區「貧富M型化」的情形逐漸變得明顯。

河合教授指出，在山形縣的農村進行相同調查後，發現收入低於生活保護水準者（配合山形縣的物價水準，指年收低於一百二十萬者）高達五四％。相較於港區的調查，地方農村的獨居老人收入低於生活保護水準的比例高於都市地區。由此可見，「老後破產」的現實在鄉下地區也漸趨嚴峻。

常常有人問我，只要有其他收入來源或是存款，那麼就算年金較少也無須煩惱吧？

在那些六十五歲以上的獨居老人當中，當然仍有人持續工作賺錢。但是根據問卷調查，有超過五五％的人都回答「年金」是他們的主要收入來源。

除此之外，有些人的收入低於生活保護水準，但手邊擁有土地、壽險等資產，可以用存款來填補生活費不足的部分，只是存款終究會見底，進而令他們陷入「老後破產」的狀態。

以上述意思來看，對於那些無法僅憑年金收入負擔生活所需的高齡者來說，一旦因為生病、受傷而多出額外花費，就有在未來陷入「老後破產」的風險。

獨居老人大多仰賴自己的年金收入生活，現在此一現狀已然蔓延全日本，年金收入低於生活保護水準，瀕臨「老後破產」的人們也急遽增加，我們絕不可對此一現實置之不理。

照護保險制度造成的經濟負擔

在問卷調查的結果當中，還有一個令人在意的數字，那就是利用照護服務者的比例。照護服務的項目包含掃地、洗衣、洗澡等家事方面的支援。許多高齡者因為經濟拮据，而無力負擔照護服務。

調查中有一個題目問到「是否正在利用照護保險的服務？」，結果有八一．

六％的人回答「否」。

在那些並未利用照護服務的高齡者當中，也有人是因為「身體健康而不需要利用照護服務」，因此不能概括認為所有回答「否」的人都是因為經濟負擔。雖說如此，考量到獨居老人的經濟狀況，顯然其中有不少人的確是因為收入不足而無法接受照護服務。

在日本現行的照護保險制度下，即便有定期繳納保險費，利用照護服務仍需額外支出一筆費用。原則上，六十五歲以上的高齡者僅需負擔「一成」費用，負擔金額則依照護度有所不同。照護度共分為五級，由照護服務需求相對較少的「照護度一」，到照護服務需求較高的「照護度五」。隨著數字愈高，服務日數、時間成本增加，金錢負擔也逐漸變重。「照護度五」的高齡者需要照護員每天前去照護，再加上紙尿褲、照護用床具租賃等費用，甚至有高齡者每月實際花費超過十萬圓。

除此之外，即便沒有接受照護服務，每個月仍需支付保險費，有不少高齡者甚至無力支付這筆費用。雖說根據年收入與地方行政單位不同，保險費會有些許差距，但是大抵落在每月四千至五千圓之間。有一些高齡者因為無力支付這筆保險費而遲繳。一旦遲繳的期間達到兩年，利用照護服務的費用就會由原本的「自費負擔一成」拉高到「自費負擔三成」。對於那些連保險費都付不出來的高齡者來說，支付高達三倍的使用費當然更不可能。他們因為經濟拮据而遲繳保險費，以致服務費調漲，結果無力利用照護保險。

公家機關為此殫精竭智，希望能夠協助這類高齡者。

為了採訪那種遲繳保險費達兩年以上，以致自費負擔加重為三成，無力負擔照護服務費，最後無法利用照護保險的高齡者，並釐清他們的狀況，我們在地方行政機關的介紹下，造訪一處位於東京都內僻靜住宅區一隅的垃圾屋。某位超過八十歲的男性失智症患者棲身於此，他甚至無力打理自己的生活起居。

屋內垃圾散落一地，我們幾乎沒有立足之地。他身上的衣服也已經穿了好幾天，不曾清洗。由於他的住家是自有的，無法馬上讓他接受生活保護，這也令公家機關傷透腦筋。面對這類情形，如果無法找到當事人的親人，而當事人也因為失能無法自行決定時，提請社福支援可說是難上加難。

常有高齡者勉強自己不接受照護服務，他們認為自己的身體還算硬朗，不想浪費錢在照護服務上。但回過神來已經陷入「想要接受照護服務，卻無財力接受」的困境。

所有人都無法避免老後可能面臨獨居的現實，你我都可能在未來無財力接受所需的照護服務，以致遭受孤立。而年金的給付額度也日益變少，「老後破產」可說是個避無可避，與你我切身相關的問題。

獨自過新年的老後生活

而在問卷調查當中，有另一個顯眼的數據，那就是獨居老人與社會的「聯繫」變得非常薄弱。

例如針對「在日常生活中遇到困難時，會尋求誰的幫忙？」此一問題，回答「孩子」的人最多，占三九．八％。

接下來則依序是「朋友」的二四．七％，以及「兄弟姊妹」的一九．九％。而值得矚目的是，回答「沒人可幫」的人攀升至一一．七％。就現實來看，有一成以上的人在面對困難時，甚至沒有人可以給予幫忙。

除此之外，針對「過年期間，前三天是跟誰度過（複數回答）？」此一問題，有高達三三．四％的人回答「這三天都是自己過，沒有跟任何人見面」。換句話說，每三人就有一人甚至連一起慶祝新年的對象都沒有。有新聞指出便利商店針對「獨居者」推出的年節料理銷路頗佳，這也令我實際感受到，獨居老人與社會聯繫愈來愈薄弱或許已經成為嚴重的問題。

而更為嚴峻的則是，當一個人的收入愈少，喪失與社會「聯繫」的情況就會愈趨顯著。因為愈是經濟拮据的人，愈是沒有臉去出席婚喪喜慶等家族活動以及地方聚會。畢竟為了要維持與社會的「聯繫」，還是需要某種程度的開銷。

就計算結果看來，我們可以發現光是在港區，「獨自過新年」的獨居老人人數就超過兩千人。突然間，我的腦海裡出現一副光景，老後的我看著便利商店的「獨居者」年節料理區，並拿起了幾款商品端詳。大家都有一種毛病，那就是會刻意忽視不想要思考的事物。

「自己過新年何罪之有啊？」

描繪著自己的老後生活，起先我倔強地在心中如是說。

但是當我生病，乃至於身體無法隨心所欲地活動時，我是否還能夠說出一樣的話呢？

獨自過新年的老後生活，這正是我在未來會面臨的現實啊。

第二章

失去夢想的老人們

長壽導致的經濟負擔

「人總有一死，那還不如早點死死乾淨。
我根本不想要什麼長命百歲。」

無力支付完善照護的費用

在那些僅仰賴年金收入生活的高齡者當中，有不少人強忍病痛，不肯就醫。但是一旦罹患攸關性命的重病，醫療費就是一筆必要的開銷。大多數高齡者即便盡可能地避免看病，然而一旦症狀惡化，就算借款也必須擠出看病的費用。而「照護服務」則是另一個高齡者會強忍至極限，藉此減少花費的部分。

「真希望增加照護員訪問照護，以及護理師訪問看護的次數與時間。」在採訪東京都內各處訪問照護站的過程中，我常常聽到社福人員吐露上述心聲。

假設照護員每週前往不良於行的高齡者家中一次，並提供一小時的照護服務。這短短的一小時用在居家打掃，以及購買食物等項目就所剩無幾。不少照護員都表示，他們其實很想要順便幫老人家洗澡、做飯、洗衣，卻迫於現實難以達成，因此深以為苦。即便如此，由於「當事人沒有足夠預算」這種原因，照護員仍然無法增加照護服務的時數與內容。

根據高齡者的身體狀態，以及失智症等疾病的程度輕重，照護保險將需要照護服務的階段分為從「一」到「五」等五個階段。每個階段能夠利用服務的時數與內容有所差異與上限，當事人必須在此範圍內組合利用照護服務。隨著獨居老人的人數愈來愈多，照護服務的必要性也隨之增加。原則上使用照護服務的費用為自費負擔一成，但是也有許多高齡者無力支付這一成的自費負擔，以致無法最有效度地利用照護保險。除此之外，針對那些獨居且臥床不起的高齡者，當他們的需求超過照護保險所承認的上限，那麼在利用居家訪問照護服務時，超出的部分則必須全額自費負擔。

即便只是自費負擔一成，每小時的服務也大抵落在五百圓到一千圓。而若是採全額自費負擔，則每小時需要花費一萬圓以上。對於那些靠著年金生活的獨居老人來說，想要透過照護服務安心生活的費用著實沉重。甚至可以說「沒有錢，也沒有服務」，許多生活拮据的高齡者都無法接受充足的照護服務。

時值二〇一四年七月，我們前往位於東京北區的某間訪問照護站採訪。該照護站的所長橫山美奈子女士同時也身兼護理師。她表示有愈來愈多高齡者無力支付照護費用，以致無法接受足夠的訪問照護服務，想要幫助這類獨居老人相當不容易。

「有不少高齡者希望能夠接受更為完善的看護與照護服務。以護理師的角度而言，考量到高齡者們的身體狀況，我們當然也希望能夠給予某些高齡者更加全面的支援，但是這部分還是得花錢的啊。」

橫山女士表示，希望我能夠看看一些省下照護費，拮据過活的嚴重案例，並邀請我們隨行前往採訪。

照護補助的局限

東京都內有不少處頗有年分的都營住宅區。而北區都營住宅區的高齡居住者比例攀升至五〇%，單身者的比例也顯著上升。負責此住宅區照護服務的橫山女士指出，愈來愈多高齡者即便想要接受更多照護支援，但仍強忍著僅接受年金可負擔的照護服務，這令她感到憂慮不已。

她介紹了一位自己特別擔心，年紀已超過八十歲的菊池幸子女士（假名）給我們認識，菊池女士便獨居在橫山女士負責的都營住宅區內。

在橫山女士前往菊池女士家提供訪問看護服務時，我們也隨行前往採訪。進入住宅區之後，橫山女士先走到公寓信箱區，菊池女士的信箱上掛著一個堅固的轉盤密碼鎖，而橫山女士熟練地轉動轉盤之後，就從信箱中拿出房間鑰匙。

「菊池女士的腿部與腰部肌肉嚴重退化，光是站著就很勉強了。若是每次前去拜訪都要她跑來開門反而危險，所以我就要她預先告知支援的護理師與照護員密碼鎖密碼，每次拜訪時再讓他們自己拿房間鑰匙開門。」橫山女士解釋道。

「您好，我進來囉。」來到菊池女士的房門前時，橫山女士以從信箱拿出的鑰匙開門，並在大聲地打了招呼後，獨自進入屋內。並要採訪團隊稍微在門外等候。

「請進。」片刻，屋內傳來招呼聲，於是我們有些誠惶誠恐地進到屋內。菊池女士滿臉笑容地迎接初次見面的採訪團隊。

「抱歉讓你們久等了。我剛剛跑去上廁所。」

她有些害羞地說道。床邊放著一座流動廁所，以方便不良於行的菊池女士如廁。「是這樣啊。」我們瞬間理解橫山女士讓我們等在門外的原因，但卻不知該如何反應。

「我因為罹患類風濕性關節炎，腳常常都會痛得不得了。光是要走去廁所都很費力，所以都在床邊解決。」看著呆愣當場的我們，菊池女士笑容滿面地仔細說明。

她一手摩擦腿部，一手指著流動廁所。菊池女士雙腳膝蓋以下水腫脹起，聽說即便靜靜地待著也會疼痛不已。腳踝至腳尖的腫脹程度尤其嚴重，甚至看不到踝骨。

「很像木頭人吧。」菊池女士微笑道，但是卻帶有一絲不知名的寂寥感。前往提供訪問看護的橫山女士此時在菊池女士的腳上塗了些軟膏，開始仔細地為她按摩。這是為了促進血液循環，消除腿部水腫。橫山女士每週會來訪問一次，雖說她相當希望能夠再增加一些天數，提供菊池女士看護服務，但是對方出於經濟因素，而無法做到這件事。畢竟增加服務的時數，費用也會隨之增加。

當時，菊池女士的照護度被認定為二。而照護保險乃是根據照護度的等級，決定當事人可利用的服務量。當事人在該範圍內利用照護保險時，僅需負擔一成費用就可利用該服務，譬如能以一千圓接受原價一萬圓的洗澡服務。而菊池女士所利用的服務已經是照護度二的最上限，因此無法再增加訪問照護與訪問看護的服務時數與內容。

菊池女士的收支

- 收入（每月）

  國民年金＋遺族年金＝8萬圓

- 支出（每月）

  房租（都營住宅區）＝1萬圓

  生活費等＝7萬圓

  照護費＝3萬圓

餘額 -3萬圓

當然，若是可以重新接受照護度認定，並獲認定為照護度三，能利用的服務量也會隨之增加。但是對於菊池女士來說，現在的支付金額已經令她捉襟見肘，因此即便上限放寬，她也難以增加服務。若是她能夠全額負擔照護費，那麼即便照護度仍為二，仍然能夠增加照護服務的時數與內容。但對菊池女士來說，實在不太可能。

在那些經濟拮据、生活困苦的獨居老人中，因為配偶亡故，以致年金收入減少，進而被逼得窮途末路的類型頗為常見。原本夫妻兩人的年金收入尚且可以維持生活，但是突然減少一個人的年金收入後，生活頓時無以為繼。

菊池女士在三年前喪夫，而這也是導致生活困頓的原因之一。

丈夫尚未離世時，兩人憑著每個月約十三萬圓的年金收入過活；而現在菊池女士的收入則為自己的國民年金，以及丈夫的遺族年金，她就以每個月加起來約八萬圓的收入過活。當年她跟丈夫一起經營營建材料行，身分是職業主婦，因此也沒有厚生年金。

在支付房租、生活費、照護服務費等費用之後，菊池女士每個月約有三萬圓的赤字。她就這樣以存款填補赤字，支付照護服務費等費用，許多年金收入較少的高齡者也都是這樣以存款填補不足的生活費用。原本的生活費與照護服務費已經使菊池女士頗為拮据，一旦存款花費殆盡，就必須進一步地縮減這些花費。

若是想方設法仍然無法維持生活，就必須接受生活保護了。菊池女士的生活費還有約四十萬圓，因此她拮据度日，希望盡可能拖延陷入老後破產的時間。她正處於「邁向老後破產的倒數計時」。

「如果有錢，我就可以接受更多照護服務了啊。」

坐在床上，菊池女士如是說。她有大半天都在床上度過，或是應該說每當她從床上起身行走，就會伴隨著劇痛，因此她被迫不能離開床。

除了每週一次的訪問看護之外，菊池女士還有接受訪問照護服務，是為了代替不良於行的菊池女士掃地、煮飯等。每天照護員會待在菊池女士家約一個小時，大約都是在早上八點半時抵達。但是當照護員離開之後，剩餘的二十三小時，也就是幾乎整天，菊池女士都必須獨自一人度過。每當想要用餐、如廁，她就必須強忍著疼痛行走。

當照護員離開，菊池女士準備用午餐時，我第一次看到她自行走路的樣子。當時她表示要走到寢室隔壁的廚房拿午餐吃。照護員已經事先把午餐做好。若換作是一位健康的年輕人，相信不用十秒就可以從床鋪移動到廚房了吧。我知道類風濕性關節炎會讓患者的足腰疼痛不已，但是我未曾想過那會帶給患者多大的痛苦，直到我親眼見識到為止。

就在幾分鐘的時間當中，我親眼見識到超乎想像的慘烈光景。

首先菊池女士有力地喊了聲好，然後就準備從床上起身。她抓著從地面延伸至天花板的扶手，並設法以腕力坐起身來。

雙手抓握扶手，並撐起上身之後，她馬上用力握住床旁的滑輪助步器，這組助步器有點類似嬰兒學步器的放大版。她就這樣以助步器支撐身體，緩緩地走向廚房。每踏出一步，她都彷彿用盡全力，途中也曾多次停下腳步，抓著助步器調整呼吸。

「嘿咻！嘿咻！」

不管是在走路，還是停下腳步，我都覺得只要她一離開助步器，身子馬上就會倒下，令我為她捏了一把冷汗。廚房此時已經近在咫尺，僅僅五公尺的距離，就她看來就彷若天涯，即便努力前行，廚房仍是遠在天邊。照護員預先做好的午餐就放在冰箱裡。每到了午餐時段，她就必須走到冰箱拿午餐，這既是每天必經的「痛苦時刻」，也是她必須努力的部分。終於，她抵達廚房，冰箱已經近在咫尺。但或許是因為精疲力盡，一公尺的距離都得花上她好幾分鐘的時間。她的腳部劇痛不已，表情也慘無人色。當她停下腳步，安靜的屋內頓時響起粗重的喘息聲。

「呼，終於到了。」

她單手握著助步器，用另一隻手打開冰箱的門。只要過程中稍微失去平衡，似乎就會跌倒。她就以這種危險的姿勢，緩緩地握住冰箱門，並往裡頭望去。映入眼簾的是她最喜歡的香蕉與馬鈴薯沙拉。由於放開助步器會有危險，因此她單手握著助步器，伸出另一隻手取出午餐。

「加油，差一點點了。」

我們不由得出聲為她加油打氣。此時她終於拿到了裝著馬鈴薯沙拉的容器。她緩緩地將容器端在自己胸前，盡力關上冰箱門，最後將容器放入懸掛於助步器上的袋子裡。行走時，菊池女士必須以雙手緊抓助步器不放，無法騰出手去拿東西，因此就在助步器上掛著一個袋子，用來搬運東西。

大功告成之後，她還必須走回床鋪。

於是她緩緩地回轉助步器，每次踏半步，花費約數分鐘才完成轉身的動作。在定好方向之後，她再次邁步前行。過程當中，她的喘氣聲變得更加粗重而痛苦，步伐也逐漸變小。由於只能緩步行走，她花費頗長一段時間才走回床鋪，幾乎都要令人恍神了。終於走到床旁時，她就以雙手抓握扶手，「嘿咻」一聲地坐倒在床上。

「呼、呼、呼、呼、呼。」

剛開始她光是要調整呼吸就煞費苦心，沒有辦法說話；直到幾分鐘過去，她的呼吸終於恢復正常時，才終於有辦法說話。

「除了類風濕性關節炎之外，我的心臟也有些老毛病，所以每次稍微動一下身體就會喘個沒完。」

除了拿午餐之外，菊池女士幾乎不會走路。為了讓她無須離開床也能夠生活，床旁擺滿各種生活所需的用品。譬如電視機、空調的遙控器等等。而照護員也會在早上前來時，順便把報紙放在她的床邊。但是食物還是得放在冰箱裡，否則會餿掉無法食用。因此她每天都必須接受「拿午餐」的殘酷試煉。

這天的午餐內容是馬鈴薯沙拉搭配一根香蕉，剝掉包在器皿上的保鮮膜後，菊池女士緩緩地將馬鈴薯沙拉送往口中。

「好吃。」

她邊吃，邊自言自語道。明天她也必須為了拿午餐而接受這「五公尺的試煉」。

一旦連五公尺的距離都走不了時，獨居生活終將困難重重。

金錢是老後生活的安穩指標

即便沒有約會，每到早上七點半菊池女士仍會規律地起床。為了與她共度一天，我們採訪團隊也大清早就前去打擾。

「早安。」

菊池女士向床外道了聲早安，接下來就手握助步器，準備走到窗邊拉開窗簾。窗戶距離床鋪約為兩、三步的距離，一拉開窗簾，朝陽頓時射入室內，將房間映得一片明亮。菊池女士就這樣站在窗邊，對著外頭說起話來。

「早安，早安啊。樹木先生你早，天氣真好呢。樹木先生感覺也很不錯吧？」

菊池女士就這樣和天空、樹木、鳥兒對話，藉此作為一天的開始。

「一個人孤單地起床，什麼話都不說也很無趣對吧？像這樣跟外面說說話，我的心情會好上許多。」

時值早上八點。除了拿午餐之外，早上也有著另一個試煉在等著菊池女士。

「啊，已經是這種時間了！」

看到掛在牆上的時鐘，她趕緊離開窗邊，將助步器朝向床鋪的相反方向。洗衣機就放置在玄關旁，距離菊池女士約幾步的距離。之所以將洗衣機放在那，是因為每天早上她都要洗衣服。

只要在照護員過來之前打開洗衣機，照護員就可以幫忙晾衣服；但若是等到照護員來了才打開洗衣機，照護員就很難在一個小時的有限時間內協助菊池女士晾衣服。因此菊池女士必須事先打開洗衣機。當時我認為不過就是開個洗衣機而已，沒想到那對菊池女士是嚴苛的考驗。

由於菊池女士的手無法離開助步器，因此她必須單手抓著髒衣服，並以同一隻手打開洗衣機開關。接下來她必須多加注意，避免身體前傾失去平衡，同時抓著髒衣服丟進洗衣機。接下來倒洗衣精才是最大的難關。畢竟要單手轉開洗衣精的蓋子並不容易。

「好緊，好緊啊。轉不開。」

由於罹患類風溼性關節炎，她的雙手無力，甚至連洗衣精的蓋子都轉不太開。於是她以身體夾住洗衣精，再以單手用力轉蓋子。最後終於將蓋子轉開，但還是需要將洗衣精倒入洗劑投入口才行。

由於她單手拿著洗衣精，因此身體必須靠著洗衣機，藉此保持平衡。她那疼痛的雙手無法保持安定，在將洗衣精倒進狹小洗劑投入口的過程中不停顫抖，洗衣精也隨著震動抖落。終於倒好洗衣精並按下開關時，菊池女士已是疲憊不堪。

「早安！」八點三十分，照護員以一聲有活力的早安抵達現場。

首先照護員先為菊池女士製作早餐。她咚咚咚地切菜，同時將平底鍋架在瓦斯爐上，煎起火腿蛋。她那俐落的身手令我們目不轉睛。

「照護的時間只有一小時，我得在這麼短的時間內做許多事，所以得重視速度與效率啊。」照護員如是說。不到十分鐘，她已經準備好包含味噌湯、火腿蛋、米飯在內的早餐，並送至床旁給菊池女士享用。而這也是菊池女士整天中唯一可以享用剛煮好，還冒著熱氣的料理。午餐只能以早上預先煮好，放在冰箱裡的冷食果腹；晚餐則是叫便當。菊池女士帶著一副津津有味的表情，享用著那得來不易的早餐。

在菊池女士用餐的過程中，照護員並未停下手邊的工作。她開始為菊池女士準備午餐，以及清掃流動廁所。正因為照護員知道菊池女士只付得起一小時的服務費，無力增加時數，因此才更珍惜自己在菊池女士家的時間，力求能提供更多的服務。

九點三十分。照護員最後的工作是晾衣服。

她手腳俐落地將洗好的衣服放進曬衣籃內，走到廚房旁的小房間開始曬起衣服。她飛快地拉展、輕拍衣物，並將衣服對齊曬好。若是菊池女士沒有事先打開洗衣機，照護員也不可能在這麼短的時間內晾好衣服。

照護員在打理家務方面的專業度無庸置疑，同時更是在短時間內不停工作，效率極高，令人欽佩。

為了維持菊池女士的獨居生活，每天都必須仰賴照護員提供一小時的照護服務。照護員與護理師其實都希望能提供菊池女士更多協助，而菊池女士本人也希望可以增加服務的時數與項目。

我詢問菊池女士想要增加怎樣的服務，結果她一臉歉意地回道：「譬如流動廁所……」

流動廁所就放在她的床鋪旁。

「現在照護員每天都為我清掃一次，老實說，如果她能在下午或是傍晚再幫我掃一次就好了。」

由於在上述時間裡，廁所都已經使用過，因此無論怎麼做，房內仍會滿溢臭味。如果菊池女士與家人同住，自然可以請家人幫忙整理，但是對於獨居的菊池女士來說，訪問照護服務是她唯一可以依賴的事物。即便如此，她仍然沒有多餘的錢可以增加服務。

「金錢」是老後生活是否能過得安心而舒適的關鍵，但事實上，很少有高齡者能夠負擔得起這種生活。

在與菊池女士相處的過程當中，我們也發現，照護員所扮演的角色並不只是支援高齡者的生活。每當照護員結束早晨的訪問之後，菊池女士就要一個人度過漫長時光，她得獨自看電視報紙，以及獨自完成所有事情。而獨處的時光可說是漫無止境，令人感覺時間流動的速度極為緩慢。菊池女士相當喜歡與人說話，因此對她來說，獨處時就像是在與寂寞戰鬥。當她與我們採訪團隊打成一片之後，每次我們採訪結束，準備告辭時，她總是會出聲慰留。

「要不要住一晚呢？反正我家有空房間，再鋪個棉被就可以睡覺了。」

每當聽到這句話，都令我們對拋下菊池女士離去感到歉疚莫名。

「我們會再來看您的。」

離開菊池女士家時，我們總是感到過意不去。在這個瞬間，我們能感覺到她究竟背負著多麼沉重的孤獨感。

「我想出門走走。」

「我有一個夢想。」

某天我們前去採訪時，菊池女士唐突地說道。

「我想用自己的雙腳，再去外面散個步，買些東西。」

在這處住宅區裡，菊池女士曾經有過好幾位朋友，彼此的家庭也都交情匪淺，往往外出買東西就會與對方不期而遇，然後就站著閒聊起來，常常聊到忘記時間。

此外她每年也會與住附近的朋友，以及丈夫的事業夥伴一起去旅行。

但是現在她已經沒有辦法外出了，因為她必須坐輪椅，卻沒有家人可以協助她。就連想要去逛一下附近的商店街都是遙不可及的夢想。

照護保險的服務能夠令菊池女士得到一絲外出的機會，但也難以實現。畢竟她每個月可利用的服務時數都幾乎被做飯、掃廁所、洗衣等雜事填滿了。當然只要她提高照護預算，自然能夠增加「與照護員外出散步」的服務，但這卻是不可能的事情。

「我喜歡欣賞花朵在不同季節盛開的美景，以及青翠的樹木。如果能夠外出，盡情地呼吸新鮮空氣，應該會很舒服吧。」

菊池女士遙想，同時也一臉落寞地嘆了口氣。或許是對外頭世界頗有依戀，她總是不厭其煩地站在這扇位於二樓房內的窗旁，看著窗外樹木隨風搖曳，以及人們在住宅區前往來通行的情景。

「早上啊，我很喜歡看著小學生從這裡通過。」

小學生那天同樣揚起活力充沛的聲音上學。孩子們在路上玩起鬼抓人，或互相嬉鬧、打架。菊池女士就這樣隔著窗戶，靜靜地看著他們。那天早上，有些孩子在通過住宅前時，玩起了令人懷念的遊戲。

「剪刀、石頭、布。」

「巧、克、力。」

一位小學生獲勝後，邊說著巧克力邊向前跳了幾步。

「剪刀、石頭、布。」

「鳳、梨。」

接下來另一位小學生反敗為勝，向前跳準備扭轉乾坤。窗外景色可說是菊池女士唯一可以知道的外頭世界。

「雖然不能外出，但是至少讓我去陽台啊。我由衷希望能到陽台上。」

窗外設有一個小小的陽台，那是一個日照良好，看起來相當舒適的陽台。但是菊池女士卻無法自行走到陽台。這是因為陽台與室內有著些許落差，可能導致她不小心摔倒。這時候，我們發現菊池女士的側臉透露出哀怨，或許是感傷明明只隔著一片窗戶，自己卻仍無法走出陽台吧。

「有時候我想到自己已經無法外出了，就會覺得乾脆去死好了。有次醫師來家裡看診，我就提到自己想要從陽台跳樓自殺，結果醫師的回答是『菊池女士，妳家住在二樓，跳下去也死不了的』。當時我們不由得看著對方笑了出來，我也知道醫師是用他自己的方式在鼓勵我，但是老實說，我從未打消過想死的念頭。」

菊池女士沒有辦法自由自在地外出，認識外頭的世界；同時也無法見到自己想見的人。或許對於現在的菊池女士來說，就連外出這個小小的心願都已經無法實現，而雖說知道夢想難以成真，她還是未曾放棄。

菊池女士大半的時間都在床上度過，而著色畫是讓她相當著迷的休閒活動。床鋪四周都貼滿了以色鉛筆著色的美麗著色畫，當初是醫師建議她可以畫著色畫打發時間，順便充當手部復健。而在嘗試之後，她徹底迷上以各色色筆為圖畫著色的樂趣，幾乎將所有時間都花在著色畫上了。

「畫著色畫時，我會專注在畫畫上，就想不到那些討厭的事情了。因為我只要一閒下來，腦海裡面就盡是一些討厭的事情。」

此時她手邊的是一幅描繪採茶景致的著色畫，她正以綠黃色的色鉛筆專心上色。

「正值採茶時節的茶田真的好漂亮啊。」

她一臉愉悅地哼著童謠《採茶歌》，同時畫著著色畫。不覺間，一個小時過去了。在還沒有著色畫時，她又是如何度過孤獨一人的時光呢？所幸現在她找到了令自己專注的事物，生活或許變得較為穩定，在物我兩忘，專心著色的過程當中，她暫時忘卻類風溼性關節炎的疼痛，乃至於孤獨。

現在菊池女士必須坐輪椅才得以外出，雖說仍然抱持在未來以自身雙腿「外出」的夢想，但是因為沒有機會接受專業復健師的復健指導，因此只能自己在家裡復健。

首先她在床上起身，雙手抓握扶手，喊一聲「好」之後就站起身來。接下來雙腳踏實，雙手握握扶手，伸展駝背的背部肌肉。在過程中她會竭盡所能地伸展背部肌肉，並在維持相同姿勢一段時間之後，恢復原姿勢，稍微吐氣休息。接下來再以相同方式伸展背部肌肉數次之後，就對我表示已經伸展完畢，然後坐回床上。

「其實醫師有警告我，在沒有照護員與護理師陪同的情況下做這個復健動作很危險，所以不可以自己做。但是誰不想要早點可以走路呢？所以我有時候就會這樣子自己偷做。」

看著她的笑容，令人覺得她是一位堅強的女性。

「我已經先買了一個好東西，準備哪天可以在外出時穿它。」

她指著某個放在桌子下方的盒子，盒子的位置距離有點遠，無法用手摸到。令人驚訝地，此時菊池女士竟拿出一把魔術怪手，將箱子拉了過來。

所謂的魔術怪手，指的是一種孩童玩具，長約一米的棒狀物上裝有一個酷似大洗衣夾的物體，可以用來夾取東西。而菊池女士就利用它來夾取離床鋪較遠、難以徒手拿取的東西。她就這樣靈活地控制魔術怪手夾住盒子，慢慢地將盒子拉靠近自己。

「哦哦，終於拉過來了！」

將盒子打開後，裡面裝著一雙全新的鞋子。這是一雙看起來頗為柔軟的純白布鞋，可以避免患有類風濕性關節炎的腳走路時的疼痛。菊池女士大約在兩個月前以約五百圓買下這雙鞋，白色布面配上粉色線條，頗為好看。她頗為驕傲地為我們展示這雙鞋，並表示要穿給我們看看。但是她那水腫的腳尖卻被卡在鞋子外好一段時間，好不容易將腳尖塞進去之後，腳踵卻總是塞不進去。雖說她奮戰不懈，力求將腳塞進鞋子裡，卻還是以失敗告終。

「明明剛買的時候沒問題，都可以穿啊……好，我再試一次。」

症狀在這兩個月愈加惡化，嚴重水腫的雙腳明顯已經超出鞋子的尺寸。

「穿不下呢……真是丟人，我快哭了。」

菊池女士將穿不下的鞋子放回盒中，再以魔術怪手盡可能將盒子推進桌子深處。將盒子推到連魔術怪手都搆不到的地方之後，她深深地嘆了口氣，不知這是否代表她想要忘掉鞋盒的存在。方才拿出鞋子時的笑容已經蕩然無存。

從未想過老後生活如此孤獨辛苦

在菊池女士的房內，到處都裝飾有丈夫的照片。她的丈夫幸夫（假名）再三年前死於肝癌，而在床鋪正對面，裝飾著一張幸夫死前在生日時拍攝的照片，看起來就像是與菊池女士面對面。當時夫妻兩人都接受著照護服務。

「照片就是在這裡拍的，照護員小姐人很體貼，還特地幫我們拍照。」

菊池女士看起來相當中意這張夫妻兩人靠在一塊，笑容滿面的照片。

「我家那口子最愛喝酒跟抽菸了。有次醫師跟他說不可以再喝酒了，所以我就把家裡剩下的酒都藏起來，結果他還是把酒找出來通通喝光。」

幸夫先生的佛壇前供著一包香菸。

「外子生前，我也為了避免他菸抽太兇，而限制他抽菸的數量。但是在快去世時，他看起來好可憐，所以我就刻意在他看得見的地方擺了一包香菸，結果他到死前都沒有發現這包香菸。現在之所以在佛壇前擺著香菸，是為了要提醒他有東西忘記帶了。」

據菊池女士表示，幸夫先生天生怕寂寞，所以在生前總表示想要先走，希望菊池女士可以送他一程。

「我被留下來也很寂寞啊。」菊池女士看著丈夫的照片，朝著佛壇喃喃自語道。

菊池女士夫妻兩人都是日本東北人，時值昭和三十年間（一九五五年），幸夫先生也是前往東京謀職的年輕人之一。在同鄉友人的牽線下，兩人初次在相親場合見面。

「是誰先迷上對方的啊？」

我詢問道。

「那當然是我家那人囉。我剛開始對他根本沒什麼感覺呢。」菊池女士笑著回答，談到與丈夫生活的點點滴滴時，她看起來真的很快樂。

而當兩人於東京開始婚姻生活之後，沒過多久兒子便呱呱落地。幸夫先生經營建材料行，一肩扛起整個家。菊池女士除了協助營建材料行的工作，同時也要照顧孩子，過著充實而忙碌的每一天。

由於幸夫先生有晚酌的習慣，因此菊池女士總是會大顯身手，在餐桌上擺滿鹽辛烏賊、蘿蔔煮物等幸夫先生喜歡吃的下酒菜。

「做飯時，我總是抱著想慰勞他的心情呢。」

菊池女士床旁的桌上放有一個點心盒，裡面塞滿了與幸夫先生的回憶。照片的數量多不勝數，諸如：全家一起去祭典的照片、每次去家族旅行時一定會拍的全家福照片……等等。

「我家那口子喜歡兜風，所以總是開車帶我們到處玩呢。」

時值一九六〇年間，菊池女士以及幸夫先生才三十多歲，當時日本的有車階級並不太多。而幸夫先生在咬牙買車之後，總是會開車到處旅行。照片上的幸夫先生體格結實，神情不怒自威，而菊池女士則神色溫柔地站在他的身旁。

「有什麼比較印象深刻的旅行嗎？」

「這個嘛，我是覺得每次旅行都很重要啦……」菊池女士回道，然後開始講起某次與幸夫先生前往東北釣魚的旅行回憶。幸夫這一輩的男人嗜釣者眾，幸夫先生也不例外，是個「釣魚迷」。當年菊池女士就跟著幸夫先生深入東北的深山，並前往某處溪流釣魚。下車之後，兩人在沒有道路的深山小徑邁步前行，遠處依稀傳來潺潺水聲。此時眼前突然豁然開朗，溪流躍然眼前，彷彿被周遭宜人的綠意張臂環抱。水色澄瑩，清澈見底。

美不勝收的景色令人感動，而幸夫接連釣起魚來的強大技巧更令菊池女士驚訝不已。

「他每次只要甩竿，馬上就又釣到魚了呢。」

憶起當年種種，菊池女士的話匣子一打開就沒停過了。

獨子與丈夫相繼去世，生活無所依靠

這對神仙眷侶在晚年時迎來厄運，那就是獨子幸一先生（假名）的離世。幸一先生大學畢業後就進入貨運公司工作，並在幸夫先生亡故的五年前離世。當時他才四十多歲，正值壯年，某天公司同事發現他沒去公司上班，擔心之下前往幸一先生家查看，結果發現他倒在地上。

「那孩子從來沒有隨意曠職過，所以同事才能夠這麼快就發現他……」

雖說至今仍未釐清幸一先生確切的死因，但是菊池女士懷疑他是因為強撐著身體工作，最後才會過勞死的。幸一先生並未結婚，因此或許長期操勞也沒人會發現他身體不適吧。

「事到如今，我也無法得知真相了……但是我真的好不甘心。」

菊池女士低頭道，幾乎快要落淚。幸一先生是個體貼母親的孩子，從小只要菊池女士神情透露不開心，他就會詢問菊池女士怎麼了。

「當他年紀還太小，沒辦法清楚說出『怎麼了？』的時候，就已經會邊看著我，邊口齒不清地問我『煮麼了？煮麼了？』，那孩子真的很溫柔啊。」

看著幸一先生的遺照，菊池女士流著眼淚，揭露一件意外的事情。

菊池女士天生身體孱弱，十幾歲時就常常因為結核等疾病住院。甚至曾有醫師表示菊池女士的體質太差，可能難以生育。

「都怪我的身體太差，孩子也沒辦法生得健健康康的。我真希望可以把他生得更健康。」

菊池女士至今仍責怪自己，認為是自己害孩子猝然離世。

「我真對不起他啊。」

菊池女士眼眶裡滾著斗大的淚珠，她在話語間強忍著淚水。

「那孩子常說，我們倆老就交給他照顧了。」

在兒子身體健康時，菊池女士從未擔憂過老後生活。畢竟就算有個萬一，也有兒子可以一起面對。兒子猝逝，這也令菊池女士頓失老後的依靠。

而在失去兒子之後，幸夫先生這位多年牽手的存在讓菊池女士不至於陷入絕望。除了精神面之外，幸夫先生也是菊池女士在經濟面的一大支柱。多虧有丈夫的年金收入，才可以讓兩人過著不虞匱乏的生活。

幸夫先生過去從事自營業，經營一間營建材料行，每月有約六萬五千圓的國民年金收入；而菊池女士的收入也差不多是六萬五千圓。兩人的年金收入加在一起約為十三萬餘圓，足夠兩位高齡者過著不顯鋪張，但是至少不虞匱乏的生活。

但是幸夫先生的離世，頓時令平靜的生活產生巨變。因為幸夫先生死後，他的年金收入就沒有了。

「外子的死讓家裡經濟變得困頓。」

除了菊池女士之外，也有不少高齡者在伴侶去世之後被迫獨居，進而陷入「老後破產」狀態的案例。若是沒有家人與自己同居，往往就需要增加照護服務的比例。此時不僅收入減少，支出更會增加，陷入愈發嚴峻的狀況。

「就算夫妻同居，總有一天還是會變成一個人啊。」

這是理所當然的事情。現在日本由夫妻、親子、兄弟等高齡者組合而成的戶口數已經超過一千萬戶。而總有一天，裡面還是會有人先走，留下最長壽的人孤單過活。此時若是沒有「金錢」以及「親朋好友」可以倚靠，就會抱有「老後破產」的風險。

「接下來的時代，生活可愈來愈不好過囉。」

菊池女士從床旁的小五斗櫃裡拿出一個束口袋，並從中取出一本信用金庫的存摺。入帳欄紀載有年金的匯款記錄。

「錢變少了。也不知道是減少五百圓還是一千圓，但不管是多少，對我來說可都是一筆大錢啊。」菊池女士看著當月的匯款金額，語帶怨懟地表示。

日本政府目前將抑制社會保險費用支出一事視為當務之急，正階段性地調降年金支付金額。以菊池女士的情況來說，從去年到今年就減少了約五千圓的年金收入。另一方面，消費稅更從五％調漲為八％，照護保險費等費用也是不斷調漲，這或許會導致菊池女士存款的消耗速度加快。

「感覺就像是被人拿蠶絲慢慢勒死，要殺死我的話，真希望能夠痛快一點，反正我也不奢求什麼長命百歲。」

菊池女士平常說話總是謙沖溫和，但是此時她的語氣頗為強硬。就如她以「被人拿蠶絲慢慢勒死」般，生活一點一滴地在折磨著她。

「這太殘忍了，活著這麼痛苦，我也不想活了。」

菊池女士以「我也不想活了」來控訴生活的艱辛。我們採訪團隊已經多次聽到高齡者口吐「不想活了」、「想死」等話語。為何我們無法實現讓老人覺得「活著真好」的理想社會呢？

我們必須正視現實，理解有許多高齡者都被「老後破產」逼得走投無路，失去活著的力氣，如此一來才有辦法從中找出解決對策。我認為這是邁向解決之道的起點。

孤獨的都市生活

八月某天，大批身穿法被（一種日本傳統服飾）的人在菊池女士居住的住宅區前往來通行，廣場上裝點有燈籠，附近的公園也準備好盆舞的會場了。這是住宅區每年例行的夏日祭典活動。當年幸夫先生曾擔任住宅區的自治會長，菊池女士也總是身先士卒地著手準備盆舞大會。

「以前盆舞可是這個住宅區的一大盛事呢。大家都會全家出動，共襄盛舉。但是現在呢？我感覺地方上的聯繫變得薄弱不少啊……」

傍晚，遠方依稀傳來祭典的音樂聲，路上也開始出現身穿浴衣的女性。往公園走去，即可看到特地為了盆舞架設的舞台。此時的曲目正好是日本人耳熟能詳的《東京音頭》，身穿浴衣的年長女性神情愉悅地跳著盆舞。而頭上綁著雙色頭帶的男性則站在舞台中央的高櫓架上，氣勢十足地打著太鼓，現場氣氛火熱。

而舞台周圍則環繞著各式攤販，譬如醬汁香味四溢的炒麵，或是顏色鮮紅欲滴的蘋果糖等等。到處都可以看見孩子纏著母親，央求母親買東西的景致。

相信菊池女士也曾經牽著兒子的手，一同享受過祭典的歡愉吧。但是現在她不良於行，只能夠勉強聽著遠處傳來的祭典聲。是夜，菊池女士獨自一人在房內看著電視，螢幕上放映著的是懷舊音樂特集。

「這個節目每年都會播出，我很喜歡看呢。」

此時電視上的曲目是松田聖子的《紅色香碗豆》，菊池女士也跟著哼起歌來，彷彿是為了抹除遠處傳來的祭典聲。

差不多是時候入睡了，關掉電視之後，房內頓時寂寞一片。菊池女士走到窗邊，跟早上一樣向著窗外說話。

「樹木先生，今天也辛苦你囉。大家也都辛苦了，謝謝你們今天陪著我。」

語畢，菊池女士看向天空，大聲說道。

「啊，是月亮先生，感謝你肯讓我一睹尊容哦。」

隔著窗戶仰望天空，可以看見皎潔純白的滿月掛在天上。

「可以麻煩你們扶我到陽台嗎？拜託了，我想要到陽台上。」

菊池女士懇求採訪團隊，在我們猶豫之間，她已經伸手開窗，準備自行走到陽台。

「好的，我們慢慢走出去陽台吧。」

於是導播、攝影師、音響人員等三位男性同胞全員出動，大家都已經在心中下定決心，只要一起扶她應該是沒問題。由於使用助步器無法下到房間與陽台的落差處，所以我們必須在不使用助步器的情況下，扶著菊池女士前往陽台。一個人抓著菊池女士的雙手，充當助步器扶手的角色，剩下兩人則扶著她的腋下，終於走到了房間與陽台的落差處。

這個落差是最大的難關，儘管僅高約十五公分，但是菊池女士因為罹患類風濕性關節炎而手腳無力，以致無法抬腳跨過這個落差。於是我們決定由一個人支撐她的雙手，另一個人抬起她的右腳，緩緩地下到落差處。

「慢慢來哦，一次一腳就好了。」

右腳踏上陽台之後，換抬左腳，讓她緩緩地踏上陽台。等她站好之後，我們扶著她走到陽台扶手旁。不同於房內，房外微風徐徐，或許是因為這樣，菊池女士兩頰潮紅，看起來頗為興奮。

「月亮看得好清楚，好漂亮啊……」

她手抓扶手，身體依靠在上面，仰望天上的月亮。雙目更因為感動而濕潤，她就這樣靜靜地看著月亮好一陣子。

「謝謝你們，真是謝謝你們。」

菊池女士多次跟我們道謝，雖然對常人來說，出到陽台只是微不足道的一件事，但是對菊池女士來說卻無可取代。微風吹撫，彷彿輕輕撫過臉頰，雖說她似乎很想一直待在陽台上，但最後還是面露遺憾地轉過身來。

「這樣會給你們帶來困擾，所以也差不多該回房間了吧？」

帶著一臉釋然，菊池女士回到了床上。

每兩個月一次的樂趣

菊池女士擁有每兩個月一次，「外出」一小時的機會。在這每兩個月一次的年金給付日，照護員會帶她「外出」，前往信用金庫領錢。但是菊池女士使用照護保險的服務項目已經達到上限，因此外出服務必須全額自費負擔，約為兩千圓。雖說如此，菊池女士仍是引頸期盼這一天的到來。

信用金庫坐落在都營住宅區的旁邊，位於一條小商店街的一隅。菊池女士以前每天都會來逛這條商店街。

八月半，菊池女士迎來偶數月的年金給付日，菊池女士對這一天的到來可說是殷切盼望。是日，採訪團隊於早上九點抵達菊池女士的家，平常這是菊池女士正在用早餐的時間。

「菊池女士早啊。」

進房一看，菊池女士特地起了一個大早，老早就穿好外出服，坐在床上等著了。看樣子她做好了外出的萬全準備。她甚至穿好了襪子，這令我們頗感驚訝，疑惑她是自己獨自穿上襪子的嗎？

「您是自己穿好襪子的嗎？不會痛嗎？」

由於穿襪子時必須彎曲上身向前，因此菊池女士若是自己穿好襪子，想必得忍受不少疼痛。相信她一定非常期待外出。

「難得外出耶，我總不能光腳出去見人吧？」

菊池女士語氣雀躍地答道，笑容比平時更為燦爛。說話間，負責陪同菊池女士外出的照護員抵達了。

「今天天氣不錯，真是太好了。如果下雨可就糟了。」

照護員滿身大汗，看樣子是趕著過來。

「就是說啊。」

菊池女士開心地望向窗外，太陽也閃爍著耀眼的光亮回應她。

「差不多該出門囉。」

聞言菊池女士從床上起身，並在照護員的攙扶之下走向輪椅坐好。繫上安全帶固定好身體之後，照護員為菊池女士穿上一雙陳舊的咖啡色鞋子，而不是菊池女士特地為外出購買，有著新穎粉色線條的白色布鞋。這天菊池女士的雙腳同樣嚴重水腫，無法穿上那雙布鞋。雖說這稍微影響了菊池女士的心情，但是她的表情依舊開朗明亮。在戴上遮陽帽以避免夏日的艷陽直射後，兩人直接外出前往信用金庫。

照護員推著菊池女士的輪椅，搭乘電梯下樓，並穿過一樓的入口大廳之後，終於來到戶外。笑容頓時在菊池女士的臉上綻放開來。

信步而行，前往信用金庫的路程約為十分鐘，途中會經過一個大公園。其中有一條草木扶疏、林蔭蔽天的步道，周遭環繞著喧囂的蟬鳴聲。

「啊，那棵樹是銀杏樹，那個則是瑞香。」

菊池女士不時在途中要照護員停下腳步，慢慢地欣賞眼前的夏日美景。因為菊池女士推輪椅的照護員，以及菊池女士本人都笑容滿面地聊著天，在不知情的旁人看來，簡直就像是一對正在享受散步的母女。穿過公園之後，兩人來到一條小商店街，當中店家林立，諸如食堂、蔬果店、精肉店等，看起來頗有歷史。

「我以前每天都會來這裡買東西呢。現在雖然有點沒落了，但是以前每到傍晚，這條商店街就會變得非常熱鬧。」

菊池女士表示，對於住宅區的居民來說，直到二、三十年前為止，這條商店街不只可以買東西，更是社交的好去處。左鄰右舍總是會在這裡閒話家常、互道近況。但是近年來大型超市接連在郊外展店，人潮也逐漸消失。大型量販店常常會導致部分個人商店因此倒閉，讓原本人聲鼎沸的商店街鐵門深鎖。這類頗有歷史的商店街可說是人們「聯繫感情」的起點，隨著商店街的沒落，當地的人際關係也日益薄弱。

照護員推著輪椅，緩步走在商店街裡，不久當地信用金庫的招牌映入眼簾。

「這裡就是我常來的信用金庫。」

照護員直接推著菊池女士的輪椅進入信用金庫。這是一個小營業處，只有兩個業務窗口。「你們好啊。」看到菊池女士等人來了，熟識的職員頓時笑容滿面地出聲招呼，看來職員也知道菊池女士每兩個月都會來領一次年金。在確認領款程序與平日無異之後，職員拿出領款單遞給照護員填寫。由於罹患有類風濕性關節炎，因此菊池女士無法書寫較小的文字，每次都是由照護員代為填寫。

菊池女士每次都會領八萬圓作為兩個月的生活費。雖說對此照護員也會感到擔心，詢問她錢夠用嗎？但是菊池女士每次的答案都是「夠用」。

領取裝有現金的信封袋之後，兩人離開信用金庫。回程路上，照護員同樣推著輪椅，在商店街裡緩步前行。在從信用金庫回家的路上，菊池女士每次都一定會順道前往一家服飾店看看。不知為何，這家店每次都在辦特賣會。

映入眼簾的是「罩衫／五〇〇圓」、「三雙襪子／三〇〇圓」、「連身裙／一〇〇〇圓」等標價。對於生活拮据，無力添購新衣的菊池女士來說，這種價格勉強還可接受。雖說如此，她還是不太常買衣服，而是享受在店內閒逛的過程。菊池女士由照護員推著輪椅，緩緩地在店內繞了繞，不時會拿起衣物，確認其設計與質感、價格標示等資訊，再把衣物放回架上。

結果這一天，菊池女士並未添購新衣。

「裡面沒有您喜歡的衣服嗎？」我出聲詢問。

「不能浪費錢啊。」這是菊池女士的回答。

離開服飾店之後，稍微走幾步路就可以來到一家便當店。這是一家在街上隨處可見的連鎖便當店。

菊池女士突然在店門口停下，並表示便當看起來很好吃。她指著貼在店門上的炸雞便當海報。

「要不要大家一起買這個便當回家吃呢？」

菊池女士對採訪團隊提議。時間正好也快到正中午了，我們當然沒有異議。於是包含菊池女士的份，我們總共買了四個便當回家享用。

到家後，菊池女士從輪椅上起身時大大地喘了一口氣，再一屁股坐在床上。

「唉啊，外頭可真熱呢。」

脫下帽子一看，菊池女士滿臉通紅，彷彿剛遠足完的孩子般，一臉滿足地笑著。

「真是太開心了，果然還是外頭好啊。」

我們打開剛做好的便當，並大口咬下炸雞塊。菊池女士則微笑看著狼吞虎嚥的採訪團隊。

「其實比起吃炸雞便當，我更喜歡的是有人陪我一起吃飯。畢竟我平常總是一個人吃飯嘛。」

或許是比起自己吃飯，她更喜歡有人陪她吃飯，因此她有好一段時間都沒有下筷，而是邊說話邊看著我們用餐。

「我每次也會邀照護員吃個點心，或是喝杯茶再走。但是她們總是會因為規定而拒絕我。所以我其實好久沒有跟大家一起吃飯了。」

看著菊池女士開心的樣子，這讓我們感到有些開心，覺得自己總算是派上點用場了。

「這附近有家好吃的拉麵可以做外送服務，所以下次再一起吃飯吧。」

菊池女士如是說。她已經去世的丈夫幸夫生前很愛吃拉麵，並表示那家拉麵店的醬油拉麵是「極品」，要我們務必一試。

「我們會再來找您玩的，所以下次再一起吃拉麵吧。」我們與她做了約定，我們絕非被極品拉麵誘惑，而是因為菊池女士的邀約讓我們開心不已。

無可避免的「老後破產」

九月，關於菊池女士的採訪以及攝影都已經告終，我們開始著手剪輯時，突然發現一些問題，為了確認事實，我們致電菊池女士。平常菊池女士不到五秒就會接起電話。因為她的枕頭旁擺有一台無線電話，加上她幾乎不會外出，因此聽到電話鈴聲應該馬上就會接起電話才對。但是這天她卻遲遲沒有接電話，無論我們重撥多少次，話筒裡傳來的都只有鈴聲。

雖說感到奇怪，但是當時我們推測，菊池女士或許只是前往照護所接受日間照護服務罷了。

隔一個小時之後，我們再次致電菊池女士，並泛起了不祥的預感。毫無疑問地，此時她應該會在家裡，但是話筒裡傳來的還是只有鈴聲，菊池女士沒有接起電話。我們頗感憂心，不確定她是在房內倒下了呢，還是只是睡著了。於是我們決定致電提供日間照護服務的設施。

「菊池女士住院了。」

雖說我們也詢問了菊池女士的症狀等資訊，但是設施負責人都以涉及個資為由，拒絕透露更多資訊。

打完電話後，我們約在三十分鐘後抵達菊池女士住院的醫院。時間已經是晚上七點多。院內寂靜一片，走在走廊上甚至可以聽見患者的呼吸聲，以及讓呼吸器運作的機械聲。而住院的患者們在用完晚餐後，已經準備就寢。

「菊池女士就住在這間病房，她的病床是最裡面那張。」

掀開簾子入內後，菊池女士發現我們到來，頓時「啊」了一聲，並打算起身招呼我們。

「您躺著就好了，我們因為擔心您，所以就來探視了。」我小聲說道。「抱歉，讓你們擔心了。」菊池女士有氣無力地答道，並一臉抱歉地微笑著。

原來這天早上，菊池女士在照護員前來時突然感到胸口緊繃不適，於是就搭上救護車前往醫院接受治療。醫生表示她的病情相對安定，不至於危及生命，這令我們放下了心中大石。

但是對於菊池女士來說，住院卻一再折磨著她。因為在身體狀態惡化而住院之後，菊池女士的照護方案會被重新評估，勢必得增加更多照護服務才行。此時決定照護服務內容的人是照護管理者，也就是負責擬定高齡者照護方案的人。

「我想要改變您的照護度。」照護管理者表示。

原則上，高齡者的照護度每年會重新審查一次。根據是否可以自行走路、日常生活的自理程度、是否罹患有失智症等因素，機關會綜合性地判斷高齡者屬於照護度一至照護度五當中的哪個階段。菊池女士目前處於「照護度二」，可以利用的照護服務稍多於「照護度一」。但是照護管理者卻打算重新評估菊池女士的照護度，希望將其照護度提高到「三」。

雖說在照護度提高到三之後，照護服務的項目將會變多，但是基本服務費用也會隨之提高，讓高齡者的負擔變得更重。有時高齡者無力負擔上漲的服務費用，就會一口氣被迫陷入「老後破產」的困境。但若是不肯重新接受評估，讓照護度維持在二，服務的項目就不夠全面，以致難以維持安心的居家生活。許多高齡者都跟菊池女士一樣，在照護服務方面捉襟見肘，對「老後破產」抱持不安，過著宛如走鋼索般的生活。

我們在菊池女士住院後的第三天再次前去探視，此時她正坐在床上，就著附設的小桌子看著雜誌。

「你們看，我的腳變得很漂亮吧。」

她開心地向我們展示自己的腳，水腫已經完全消失，看起來輕盈無負擔。她的食慾也恢復以往，放在桌上的午餐餐盤已經全部吃完。

「醫師說我要再住院兩個禮拜，但我真想馬上就回家。」

菊池女士表示，醫院生活有護理師全天候提供幫忙，因此住起來相當安心而舒適，但果然還是想要早點回到自己習慣的家。也正因為如此，菊池女士才更加擔心出院後的生活。她總是牽掛自己的照護度是否會由二提高到三。當然照護度若是提高到三，她就能獲得更加完善的照護，但是負擔的金額也會隨之增加。雖說經濟拮据，但是為了維持獨居生活，這筆花費在所難免。或是應該說，就她自己看來，也認為要在照護度二的情況下維持獨居生活實在有所困難。

數週後，菊池女士平安出院。結果她被評估為照護度三，只得靠存款負擔增加的花費，過著拮据的生活。當然她還是希望在離世時，手邊還能留點錢，但是唯有當她的存款歸零時，才可以接受生活保護。屆時她的醫療費與照護服務費都可獲得全額減免，即便增加服務內容也不會有更多負擔。

看著菊池女士縮衣節食地努力過活，不願增加更多服務，這讓我們質疑，為何今時今日社會上仍沒有建立完善制度，可以向這些高齡者伸出援手呢？

「完善的照護服務」是菊池女士迫切需要的事物，但是因而衍生而來的照護費用負擔令她的生活變得窘迫。而「生活保護制度」則是目前唯一可以讓她接受充分照護服務的制度。在我們看來，除非政府建立一套制度，譬如減輕，或是減免醫療與照護費，藉此防範「老後破產」於未然，否則無可避免地，未來仍會有更多高齡者陷入「老後破產」，以致必須接受生活保護。即便是以抑制社會保險費用支出作為前提，整個社會仍殷切期盼政府建立起完善制度，避免高齡者陷入「老後破產」。

「國民年金制度」應與現實接軌

以現況來看，高齡者真的能單憑國民年金獨自生活嗎？在現行的國民年金制度下，最高也只能請領每個月約六萬五千圓的國民年金。生活保護制度則提供獨居老人每個月約十三萬圓的生活保護費，相較之下，國民年金收入低於憲法所認定的最低生活水準。

「高齡者若是手邊有房產，當然不可以跟生活保護的水平混為一談啊。」

相信也會有人提出以上反駁。但是生活保護制度分為對房租等費用支出的「住宅補助」，以及對生活費等支出的「生活補助」，分別提供高齡者相關補助。都市地區的生活補助金額約為每個月八萬圓，即便是國民年金的最高請領額仍低於該金額。也就是說，只要沒有存款等資產，那些目前靠著國民年金拮据過活的人都有權利接受生活保護。

但是許多高齡者卻都不肯行使該權利。他們視奢侈為洪水猛獸，因此盡可能地節省花費，縮衣節食。此外也有不少高齡者表示，接受生活保護亦即「接受國家照顧」，這會令他們感到罪惡。但是即便竭力忍耐，一旦生病或是因故必須接受照護服務，最後仍是需要接受生活保護才能安心度日。就我看來，今後這類高齡者增加的速度只會愈來愈快。

在政府剛建立起年金制度等社會保險的基礎時，獨居老人還頗為少見。當時高齡者與家人同居可謂稀鬆平常，而政府並未重新省視這套在上個世代建立的制度，或許這也是導致「老後破產」現象愈來愈嚴重的原因之一。

日本直到一九六一年才建立起全民皆可加入的國民年金制度，這已經是五十多年前的事情了。當時三代同堂的比率還很高，父親以一家之主的身分工作養家，而祖父母的年金收入就像是「零用錢」。比較今昔資料，一九八〇年的三代同堂比率為六〇%，而二〇一三年則降低到約一〇%。也就是說，年金不再只是單純的「零用錢」，而是必須作為主要的生活收入。若是高齡者以夫妻、親子等組合同居，靠著兩人份的年金收入，還勉強可以負擔生活所需，但是獨居老人單憑自己的年金收入，生活頓時無以為繼。

「以某種程度來說，國民年金制度的建立是以家庭機能正常運作為前提。」明治學院大學的河合克義教授指出，現行的國民年金制度與該前提並不相符。

自己是否能夠在老後憑著年金收入過活呢？想到未來的年金金額會變得比目前更少，許多人不由得對老後生活感到不安。

當我們避無可避地面臨「老後破產」的時，又能尋求怎樣的救濟措施與支援呢？事先了解這些事絕對有備無患。

第三章

「老後破產」的原因

生活保護制度隱藏的陷阱

「活得太久存款總是會花光，所以我想要在那之前就死掉。」

慢慢將人逼入絕境的「老後破產」

「老後破產」的可怕之處在於一點一滴將人逼得走投無路。我們所採訪的高齡者大多不是在短時間內陷入破產，而是生活逐漸變得拮据，以致他們必須賣房子、花光存款，最後才陷入「老後破產」。

由於陷入老後破產的過程拉長，因此不安與恐懼感也會長期伴隨左右。而最為根本的恐懼則是「在花光所有財產之後，真的就能獲得生活保護嗎？」所以高齡者會盡可能節省花費，避免動用存款，有時甚至省下醫療費與照護服務費，即便可能導致病情惡化，進而危害生命安全。

在前往東京都足內區的某家照護站採訪時，照護員介紹了一個「被逐漸逼入絕境」的典型「老後破產」案例給我們。

受訪者是喜歡與人閒話家常的川西真一先生（假名），八十三歲。當負責其個案的照護管理者帶我們首度造訪川西先生家時，他親自等在那鋪有榻榻米，位於進門處的起居室迎接我們到來。起居室約四坪大小，往內走去則是約二・五坪大小的廚房。曾經住有全家人的房子頗為寬敞，二樓目前已經閒置。

川西先生擺好坐墊請我們入座並問我們是否要喝茶，接著就走向廚房準備茶水。此時我發現他的步伐有點蹣跚。

「我的下半身有點不方便，但是還不到需要擔心的程度啦。」

川西先生幾年前開始出現腳部關節痛的症狀，以致無法長時間走動。但是他每週卻只接受一次照護服務。此時照護員會幫助他完成購物、掃地等事務，而平時的家事則必須由他獨力完成。

「我已經習慣囉，畢竟幾十年都這樣過來了啊……」

川西先生的父親是一位建築師傅，川西先生也在高中畢業之後開始在工地實習，之後都從事建築相關的工作。他在三十歲時成為工頭，之後就獨立承包建案。直到七十多歲時，他發現身體已經不聽使喚，無法爬上梯子作業，於是決定退休。

雖說在建築業打滾五十多個年頭，但是他並不能請領企業的厚生年金，因此只有國民年金的收入。加上他在某些時期未能如期繳納保費，因此每月只有六萬圓的年金收入可以過活，沒有辦法領到最高額度。這筆收入完全入不敷出，他只能靠著存款竭力度日。像川西先生這種從事自營業、農業等行業的高齡者並沒有厚生年金，只得仰賴國民年金過活，對他們來說，獨居生活並不簡單。

國民年金的最高額度僅約為六萬五千元，在支付電費、天然氣費、保險費等必要支出後就所剩無幾。而餐費等生活費也在所難免，因此川西先生的收支長期都是赤字。

由於想要了解川西先生的生活狀況，我們請他給我們看看冰箱的內容物。冰箱裡塞滿了雞蛋，以及盒裝肉塊、魚塊等自超市購得的食材。

「因為我下半身有點不方便，有時候會沒辦法出去用餐，更重要的是在家做飯比較便宜啊。」

時間快要來到傍晚六點時，川西先生從冰箱拿出鯖魚塊準備做飯。盒內裝有四塊鯖魚，包裝上寫有二百四十圓。他在平底鍋內倒了點油，並放入一塊鯖魚塊，鍋內頓時滋滋作響。川西先生就這樣手腳俐落地煎起魚來。翻面一看，魚身上已經出現恰到好處的煎痕。

在用來煎魚的瓦斯爐下放著一個小電鍋，並亮著代表保溫的橘燈。看來他是事

川西先生的收支

- 收入（每月）

  國民年金＝6萬圓

- 支出（每月）

  電費、天然氣費等公共費用＝1萬5千圓

  生活費（餐費等）＝5萬5千圓

  醫療費（包含交通費）與各種保險費＝1萬5千圓

  照護服務＝5千圓

餘額 -3萬圓

先煮好整天份的米飯。五分鐘後，他的晚餐就大功告成了。

「煎鯖魚（一塊六十圓）、米飯、即溶中式湯品（一包五圓）。」

川西先生表示，他已經盡量將餐費控制在一百圓以內，但是仍是入不敷出。我們詢問他詳細的支出細目，想要釐清他的其他花費。於是他從床底下拿出一個盒子，裡面是一疊繳費收據。包括電費、水費、天然氣費等公共費用，以及醫療費、照護費的收據。電費、水費等公共費用每月約為一萬圓，而每個月往返醫院治療的費用就高達五千圓。

「除此之外，我每兩個月都必須打一次抗癌針，這也是很貴的負擔啊。」

川西先生表示，三年前發現自己罹患前列腺癌，手術後為了預防癌症復發，每兩個月必須施打一次抗癌針。雖說醫療保險可以給予部分補助，但是川西先生仍需自費負擔約四千圓。再加上糖尿病等慢性病的治療，以及注射費，平均每個月需花費一萬圓在醫療方面。

「如果癌症復發，我的錢就會因為手術、住院而快速減少，這樣子我的存款馬上就會見底了。我甚至不確定自己付不付得起這筆錢。」

事實上，川西先生並不希望生活上出現赤字，但他仍沒有減少自己在醫療方面的支出，因為他擔心若是癌症復發，就真的無法避免「老後破產」了。因此他雖然盡力節省餐費等生活花銷，但仍必須持續透支存款以弭補赤字。

在罹患前列腺癌之後，川西先生的癌組織摘除手術雖然成功，但是仍須長期回診以追蹤病情，因為若是癌症復發，就難以治療了。

因為想要節省交通費，川西先生總是利用醫院的復康巴士前去回診。只要搭上復康巴士，就可以免費前往醫院。但是為了搭乘復康巴士，他每次都必須以那不良於行的雙腳步行二十多分鐘，才能抵達站牌。

即便如此，川西先生仍堅持走路前往站牌。此時高齡者專用的手推車能夠幫上不少忙。只要像是推嬰兒車一樣，推著手推車往前走，手推車就可以取代拐杖的功能，幫助支撐身體。而在走累時，還可以坐在手推車上稍事休息。川西先生每次推著手推車走五分鐘，就停下來休息一會。他就這樣停停走走地前往站牌。

「如果可以搭計程車就好了，但是那太奢侈了，只能多忍耐囉。」

搭計程車看診，單程就要約兩千圓，往返則需要四千圓。搭計程車的確可以減輕身體的負擔，但是存款也會飛快地減少。

抵達醫院後，川西先生一屁股坐在候診室的椅子上，他的肩膀上下起伏，氣喘如牛。看來搭乘復康巴士雖能省下了一些錢，但對身體的負擔也較大。

不久後醫師叫到川西先生的名字，一進入看診室，醫師就向他出示一張紙。

「這是您上次的檢查結果，目前看起來沒有癌症復發的情形。」

川西先生在看診期間面露微妙的神情，但是在聽到這句話之後，臉上頓時露出安心的笑容。

「目前尚未發現癌症復發的情形，所以打平常的藥劑就行了。」

在療程當中，川西先生每兩個月就必須打一次高價的抗癌針。該治療是為了避免癌症復發，雖然川西先生動完手術已經三年多，他仍然必須持續打針。在簡單的問診、打針之後，川西先生約在十分鐘後離開看診室。

但是當天他在醫院櫃檯支付的醫療費高達五千圓。

離開醫院後，他順道前往藥局，櫃檯人員交給他兩週份的藥物，種類多達十幾種。包括血壓藥、胃腸藥、糖尿病藥，川西先生每天都要吃十幾種藥。這天的藥費約為兩千圓，加上診療費，他一天就花掉了七千圓。

川西先生符合後期高齡者醫療制度的補助對象（七十五歲以上），同時也非高收入者，因此窗口負擔為「一成」。相較於工作族群的三成，負擔確實較小，但是對於那些需要長期以藥物控制慢性病的高齡者來說，仍然是筆沉重的開銷。若是高齡者與工作族群同居，或從事自營業而有一定收入，有時仍必須自費負擔三成。

除此之外，最新的癌症治療藥物大多售價昂貴，因此每次治療的負擔額度也愈來愈高。

若是病情惡化，就必須要住院、動手術，以致開銷變多，因此對高齡者來說，醫療費是無可避免的花費。但是為了支付這筆避無可避的醫療費，許多高齡者的存款逐漸減少，最後被逼至「老後破產」。但諷刺的是，一旦陷入「老後破產」，就可以接受生活保護，此時的醫療費用獲得全額減免，就算是過去無力支付的高價治療，乃至手術或住院，都無須擔心費用問題。而在接受生活保護之前，還有另一個制度可以幫上高齡者的忙。在支付一定金額以上的醫療費（根據收入有所差別，約為每月四萬圓以上）之後，只要完成高額醫療費的退費申請手續，就可以領回一定額度的款項。

但是在制度上，每月一萬圓的費用卻不到減免的門檻。這筆費用對於仰賴年金收入生活的人來說是沉重負擔，卻無法獲得政策支援。

因此這些高齡者爭相前往日本各地設置的免費優惠診療所。這類診療所依法設置，只要出示納稅單等可供確認年收的文件，就可以減免醫療費。而民眾可於全日本民主醫療機關連合會（民醫連）的官網上確認離住所最近的診療所。

離開藥局後，川西先生踏著蹣跚步伐回到家中。一進家門他就直接坐倒在起居室的榻榻米地板上。回診對身體造成負擔，但是對於川西先生來說，這是維持既有生活不可欠缺的事物。

川西先生總是坐在電視機前，偶然掃視，我看到那裡放著兩只寶特瓶。

川西先生在那兩只寶特瓶裡裝滿飲用水，不時補充水分。在聽到醫師指出「多喝水有益健康」之後，他就持續身體力行。

若是健康的日子能拉得更長，存款減少的速度或許也能變慢，進而推遲陷入「老後破產」的時間。抱持著上述想法，他每天在生活上都頗為重視健康。

有「房」就無法接受生活保護？

若是身邊沒有可以依賴的親朋好友，高齡者就只能仰賴生活保護來克服「老後破產」。手邊有存款時無法接受生活保護，自有住宅等不動產也會成為申請生活保護的一大阻礙。有不少高齡者雖說年金收入較少，但是卻擁有自有住宅。許多高齡者因為不想捨棄這棟常伴左右的自有住宅，而選擇拒絕接受生活保護。曾擔任建築師傅的川西先生也不例外。

「這棟房子也是我自己蓋的呢。」

三十多歲時，他親自監工建成這棟房子，至今仍令他深感驕傲。在父親因病去世後，這棟房子裡仍充滿自己與母親、弟弟三人和樂融融的回憶。

有不少高齡者也跟川西先生一樣，至今仍住在當年辛苦購入的家中。他們的自有房屋被視為資產，因此即便收入微薄仍無法接受生活保護，這類案例頗為常見。許多時候，他們都被迫將房屋、土地拋售，以得手的金錢換取必須的服務。

但是這項原則目前已逐漸獲得彈性空間。當房屋屋齡老舊、土地價格極其低廉時，即便當事者仍居住於家中，依然可以接受生活保護。許多人因為不知道這項制度有彈性空間，而選擇竭力忍耐。

「因為不想要放棄自己的房子，所以無法接受生活保護。」

針對抱持上述想法的人，我建議可以前往地方行政機關的社福窗口諮詢。事實上，只要政府判斷「財產價值較小」，就有可能在不放棄自家的前提下接受生活保護。特別是那些需要接受醫療與照護服務的高齡者，也有某些地方行政機關在制度面保留彈性，認同他們住在自有住宅，並以「醫療扶助」、「照護扶助」的形式接受生活保護，獲得醫療服務與照護服務的補助。許多高齡者都希望能夠「終老在自己習慣的家中」。順應時代需求，生活保護制度在運用面也逐漸變得靈活，以期能夠讓高齡者在接受生活保護之餘，同時實現上述願望。

這棟房子對於川西先生可謂「珍寶」，當中注入了對家人的愛，以及身為專家的自尊，處處充滿他的巧思。

「你們有發現樓梯稍微打彎嗎？這可是在狹窄土地蓋二樓透天厝的智慧。」

仔細一看，通往二樓的樓梯呈現彎曲狀。由於筆直設計會導致樓梯過於陡峭，因此川西先生在設計上計算出微妙的彎曲，建造出堅固的樓梯，這種設計需要高超的專業技術。

「這也是上禮拜我自己弄的。大家好像說這叫無障礙設施。」

為了弭平起居室與廚房那高約十公分的落差，川西先生做了一塊木製斜坡板。他將角材加工為三角形，藉此避免自己因為落差而跌倒。如此一來，即便是坐輪椅也能夠輕鬆移動了。角材表面更以銼刀打磨平整，做工細緻，充滿匠心。

「這東西做起來跟吃飯一樣簡單，我連桌子、椅子之類的家具也都會做。」

鋸子、鐵鎚等木工工具被珍而重之地保存在玄關處。每當川西先生身體狀況不錯時，總是會使用這些工具，並揮灑自己的好手藝來改造自家環境，或是做些家具。川西先生家中有好幾款手工家具，包括木製置物檯、電話檯等等。起先我們認為他是為了「節省買家具的錢」，但是聽著他的敘述，我們發現事情並非如此。對於曾任建築師傅的川西先生來說，「動手做些東西」仍是生活中的一大樂趣，或說是存在價值。

二戰結束後沒多久，川西先生在十五歲左右開始學習建築。他在父親的門下學習建築技巧，當時他從小長大的東京下町已經因為東京大空襲而化為一片焦土。面對建築物燒毀殆盡，滿目瘡痍的故鄉，川西先生立志成為建築師傅。當時父親說過的話讓他至今難忘。

「接下來日本會需要更多的房子與大樓，建築師傅的時代來了。」

「我也想成為日本重建的力量。」這個想法讓川西先生激動地泛起雞皮疙瘩。

而甫入門的他什麼都不懂，因此常常被罵到狗血淋頭。即便如此，在二十五歲左右時，他還是掌握了建築師傅的基本知識與技術。雖說還無法獨立，但是至少可以負擔最低限度的工作了。到了三十多歲時，他的建築技術開始獲得青睞，訂單逐漸增加。

「當時我做事真的很勤快，畢竟訂單接二連三地來。日本也曾經有過這種時代啊。」

川西先生不無驕傲地表示，建築師傅並非獨立負擔所有建築作業，水泥匠、細木匠也是不可欠缺的要角。而工頭的工作就是縱觀全局，給予這些工匠指示。

川西先生就以工頭的身分在工作上開疆闢土，至今未婚。

「工作結束我都會跟工作夥伴乾上幾杯，畢竟做我們這行的人大多都貪杯啊。那時候過得可真是快活，身邊總是有人包圍……」

戰後焦土不知何時已經建起都市叢林，戰後復興終於大功告成。是現在的高齡者們達成了此般豐功偉業。五十多年來川西先生孜孜矻矻地工作、繳納年金，也未曾借過什麼大錢，現在卻仍是終日惶惶，擔心自己陷入「老後破產」的窘境。

努力工作、認真生活的普羅大眾並未獲得回報。

這就是目前日本人老後所遭遇的現實。

邁向「零存款」的倒數計時

川西先生已經在計算自己的存款何時會歸零。

「每個月會有三萬圓的赤字，如果一直要用存款去填這個坑，再過個五年存款就要見底囉。」

我不知道川西先生是否還能維持現在的生活五年。一旦途中因為手術、住院而必須花大錢，他那「存款還能夠支撐五年」的打算就會被全盤打亂。

「還有五年」代表的是最久也只能再撐五年。

當存款歸零時，川西先生也沒有其他可以依賴的親朋好友。雖說有一位沒有跟自己同居的弟弟，但是弟弟本身也是位自顧不暇的高齡者，因此川西先生並不打算造成弟弟的困擾。也就是說，手頭剩餘的存款是他唯一的倚仗。

雖說存款歸零即可接受「生活保護」。但是川西先生必須滿足幾個條件，才可以利用該制度。其中一大條件，就是必須解決「自有住宅」的問題。地方行政機關首先會要求他賣掉房子，藉此籌措生活費。

「說真的，要賣掉房子真令人感到淒涼啊……」

在東京都內，只要行政機關研判高齡者的自有住宅「價值較少」，不賣掉自有住宅同樣可以接受生活保護。這類案例逐漸增加。川西先生的自有住宅屋齡已有五十年，估計房屋已經老化，房價也較為低廉。但是川西先生仍做好「最壞的打算」。對他來說，這棟自己一磚一瓦打造的房子象徵著人生，因此對失去房子一事感到戒慎恐懼。

最近，反向抵押貸款（Reverse mortgage）力壓生活保護一頭，在這類擁有自有房屋的高齡者族群掀起極大矚目。高齡者只要以自有住宅作為擔保，就可以向公家單位等處借錢。直到契約期滿，或是借款者在契約期滿前亡故，借款機構就會將房子拍賣，用以償還借款。

由於不同於生活保護，公家機關能夠於借款者死亡後回收款項，因此現在正積極導入該制度。另一方面，以借款者的觀點來看，如果非得賣掉自己的房子，這套制度至少可以讓自己在生前繼續住在自家中，等到死後再賣房。

由於對雙方皆有好處，因此都市地區的行政單位正在積極導入該制度。但是唯有房屋價值達到數千萬圓高價的人，才可以利用該制度。若是房屋已經老朽，價值較為低廉者，即便可以繼續住在自家中，仍需仰賴生活保護制度，領取生活保護費生活。

川西先生同樣將「反向抵押貸款」制度納入考量。但是雖說以「反向抵押貸款」貸得的款項會如同「年金」般，按月匯入戶頭，可一旦期滿就必須全額償還本金與利息。若是借款人長命百歲，活到了借款的總給付金額支付完畢，房屋就會被借款機構沒收，從此流落街頭。

「我這種人根本不該長命百歲。活太久存款就會見底，我希望能在那之前快點死一死。」

川西先生吐露心聲，希望能夠在存款見底的五年內離世。不管是選擇手邊的哪一個方案，他都已經不想繼續活了。川西先生的眼前並未延伸出一條讓他有生存意願的道路。但是他仍必須在喪失生存意願的道路上前行。

醫療負擔招致「老後破產」的惡夢

川西先生為了預防癌症復發，必須定期至醫院回診，並接受投藥治療。對於那些「不至於攸關性命的小毛病」，他則是竭力忍耐，避免去看醫生。下半身疼痛就是其中之一。

「如果腳的狀況別這麼差，我當然也想要出去走走。可惜腳就是痛得不像話，所以只能整天坐在電視機前。」

川西先生曾經熱衷於外出參加社交活動，譬如在附近散個步，或是三五好友去吃飯等等。但是現在他卻因為下半身疼痛而不良於行，難以外出。

「我不是在三年前因為前列腺癌住院嗎？長期臥床之後，害得我下半身的肌力變差，從此沒辦法隨心所欲的走動。」

我也曾經耳聞高齡者的下半身因為長期住院而衰弱，從此不良於行。但是之後只要勤加復健，大多都可以恢復到足以正常生活的程度。川西先生也曾定期至整形外科回診，同時接受復健等方面的治療。但是之後他卻停止回診。

起初，他認為過一段時間就會自然康復，因此為了節約而停止回診。但是之後下半身的狀況卻遲遲未好轉，甚至更加惡化。他選擇不去看醫生，因為即便嚴重疼痛，畢竟不是性命攸關。

我常看川西先生坐在起居室動也不動。他會拖著雙腳前去用餐、如廁，除此之外則長時間坐在電視機前度過。他並不是「不想走動」，而是「不能走動」。

「您還是去看醫生比較好吧？放著不管搞不好會變得更糟啊。」

即便我們多方勸說，他似乎仍沒有接受此建議的打算，總是敷衍了事。

在照護保險服務當中，高齡者能夠以「日間通院照護服務」等形式接受下半身復健治療。但是川西先生使用照護保險的服務已經達到上限，因此無法再以照護保險接受復健治療。而且即便能夠使用照護保險，他仍必須自費負擔一成費用，以致負擔變得比現在更為沉重。

為了避免負擔增加，他只能選擇忍耐下半身的疼痛。今時今日，這樣的決定相當常見，許多高齡者都將「只要不會攸關性命，就不用去看醫生」視為為理所當然。

「這類高齡者很多。知道病情不嚴重之後，就不會再來回診了。」某間東京都內綜合醫院的護理師以及醫務社工如是說。

譬如當高齡者因為頭痛、腹痛等症狀前來看診，診察結果顯示那並非腦中風、癌症等重大疾病時，即便已經與醫師預約回診，也大多會爽約。有時因為擔心患者的症狀是否惡化，院方會主動聯絡患者，但是即便詢問不回診的理由，患者也大多會含糊敷衍。要向院方挑明「自己沒有錢」一事並不簡單。

「如果他們肯透露自己在經濟上有困難，因此沒有錢去看醫生，我們就可以一起幫他們想辦法。但是有些高齡者就默默地不來看診，就算問他們理由，得到的也都是『不會痛了』、『到時候就會去了』這類蒙混過關的理由。如此一來我們也沒辦法幫忙他們。」

醫務社工向我們說明在應對上的難處後，繼續表示自己實際感受到愈來愈多高齡者在經濟上有困難。

「常常會有高齡患者在住院後表示『我身體沒事了，所以早點讓我辦出院吧。』」在出院後，這類獨居的高齡患者往往難以自行返家，因此醫務社工會以諮商員的身分給予個別協助。而經濟狀況愈是拮据的高齡患者，愈是會提出「不需要打這種針」、「我想要早點出院」等要求。護理師與醫療社工表示，有時患者因為並未接受妥善治療而導致症狀惡化，最後又前來看診，其中「只要早點治療，就可以安心過著獨居生活」的案例不在少數。

節約的矛盾

川西先生為了節約，除了治療癌症以外盡量避免去醫院看診。相信他也未曾想過自己的下半身狀態會變得如此嚴重。若是具備自行走路的能力，照護服務的需求也將隨之減輕，或許經濟上的負擔也會變得更輕。竭力節約醫療費反而令症狀惡化，進而導致照護費與醫療費增加。

八月盛夏，我們前去造訪川西先生，並感受到了強烈的「矛盾」。

外頭雨勢滂沱，豆大的雨珠拍打在屋頂浪板上，連在房內都清晰可聞。川西先生一如往常地坐在起居室裡看電視。電視螢幕正播出夏季甲子園大會，高中棒球隊交織出炙熱的賽事。「打擊出去！」在觀眾席那震耳欲聾的加油聲環繞下，播報員正進行實況轉播。「打出去了啊」、「唉，被幹掉了啊」川西先生邊看比賽邊小聲地喃喃自語。

川西先生的症狀已經嚴重到幾乎離不開電視機前的位置。就連走路都令他感到痛苦不已。為了「省下」接受醫療服務的開銷，川西先生的症狀持續惡化，從此陷入負面循環難以脫身。他的案例讓我反思，究竟該怎麼做，才能夠在症狀惡化前拯救這些年長者呢？

在地方行政機關的介紹下，我們獲得採訪另一位年長者的機會，從中也發現，治療費並不是導致年長者不去看病的唯一原因。

山田憲吾先生（假名）也是位獨居老人，住在離川西先生家走路約十分鐘處。在採訪過程當中，我們發現除了醫療費之外，他還背負頗多的沉重負擔。

山田先生過去是一位計程車司機，離婚後就獨自居住在這棟木造公寓裡。他的身形寬大壯實，心思卻意外地細膩溫和。擔任計程車司機期間所繳納的稅額，讓他目前每個月可以領到約十二萬圓的厚生年金。但是他每個月必須繳納四萬圓的房租，剩下的八萬圓則需用來負擔公共費用與生活費，因此光是要買東西果腹就頗為不易。

「其實房租原本要收四萬五千圓，但是我跟房東說可以幫忙掃公用樓梯，所以房租就便宜了五千圓。」

山田先生住在一棟頗有歷史的木造公寓裡，在公共玄關脫鞋上樓後，可以看到一整排的房門。而他就是靠著打掃走廊、樓梯等公共區域獲得房租折抵。

「五千圓對我來說也是大錢了。」山田先生苦笑道。走進山田先生的家門後，眼前是約一．五坪大小的廚房，往內走去則是約三坪大小的日式起居室。房內設有廁所，但是沒有浴室。

「大眾澡堂的收費愈來愈貴，可也不能小看啊。像我雖然忍住每兩天才洗一次澡，一個月還是要花上將近六千圓呢。」

起居室的桌上放有幾碗泡麵，以及幾個麵包。

「我也不是因為喜歡才吃這些食物，但有時沒錢了，一整天我就只吃一個麵包填肚子。」

山田先生竭力節省餐費。收入扣除房租後剩下八萬圓，再扣除公共費用、大眾澡堂內等必要支出後，他的手頭只剩下約三萬圓。

山田先生要以這三萬圓來支付醫療費。由於他的心臟有老毛病，下半身也患有慢性關節炎，必須長期至整形外科回診，每個月都必須各跑心臟內科與整形外科一次。而山田先生的年紀還落在六十歲後半，因此醫療費為「三成」自費負擔，加起來約為五千圓。七十五歲以上的後期高齡者只需自費負擔「一成」的醫療費，但是對於山田先生這種六十歲後半的人來說，自費負擔額為「三成」，與工作人口並無二致。

此外山田先生更罹患了一種會令視野、視線逐漸變差的疾病，導致情況更顯嚴峻。

由於該疾病需要尋求專科醫師診斷，於是山田先生開始尋找相關診所，並發現最近的診所仍需前往離住家約一個小時車程的琦玉縣所澤市。

他的心臟罹患有慢性病，加上不良於行，因此對於獨自轉乘電車、巴士等交通工具感到不安。計程車雖然方便，但是往返就須花上兩萬圓，如果花這麼多錢在交通費上，山田先生馬上就要陷入赤字了。因此雖說想要盡速尋求專科醫師的治療，仍只能徒然蹉跎時間，難以前往看診。

「如果能去看病我當然也想去啊。但是現實很殘酷，接下來該怎麼辦才好。」

山田先生有氣無力地喃喃自語道。

如果他的視力再繼續惡化，就會難以獨立生活。我認為他應該要在那之前接受生活保護，盡速前往就醫。山田先生每個月有約十二萬圓的年金收入，乍看之下較不易成為支援對象，而山田先生本身也對「想要接受生活保護」的想法難以啟齒。事實上，那些年金收入高於一定水準的人比較不樂意接受生活保護。可是一旦生病，就有陷入「老後破產」的可能。

換言之，這也就代表當高齡者的年金收入極低，明顯處於窮困潦倒的狀況時，反而更容易接受支援。有愈來愈多案例顯示，即便高齡者本身並未對外求援，但是窮困潦倒的狀況顯而易見，外界都能夠看出其生活嚴峻，進而幫助他們申請生活保護。

但是對於那些年金收入高於某些程度的人，譬如川西先生、山田先生，他們即便因為生病等原因而逐漸陷入「老後破產」，外界也難以察覺到他們需要支援。而這或許正是社福制度的缺陷之處。

關於獨居老人，已有不少專家學者指出建立「早期發現、早期支援」制度的必要性。畢竟若是可以在失智症以及其他疾病惡化前予以支援，就可以避免孤獨死等糟糕至極的結果。如果可以建立起高齡者與社福服務之間的「聯繫」，從而建立高齡者與地區社會的聯繫，或許獨居老人也可以活得快樂有活力。而外界究竟又該如何察覺這類乍看之下「難以辨別」的「老後破產」預備軍，進而予以支援呢？

我認為建立一套有助於支援方早期發現的制度乃是當務之急，不可以將責任全都推給高齡者，認為是他們不求援的錯。相信當我們也成為高齡者之後，這套制度也能守護我們這代人。

疾病是造成「老後破產」的根本原因

「只要身體還健康，日子總是過得去。」

許多高齡者都愛把這句話掛在嘴邊。就算身體有些不方便，只要身體還能動，日子就過得去。但是一旦身體無法活動了，馬上就會陷入老後破產。在與某位女士相會之後，我們對這件事有了很深的體悟。

在東京都內，大田區是庶民風情特別濃厚的一個地區，而事情就發生在我們前往該地區包括支援中心採訪時。穿過車站前的商店家之後，街道上連綿有傳統的精肉店、蔬果店、魚店。抵達支援中心後，具備護理師資格的職員負責接待我們。

「這附近以前有很多家小工廠，許多當年在工廠裡從事技術工作的人現在也住在這，而且有不少人都是獨居。」

由於獨居，因此高齡者飲食生活偏頗，不知是否有按時服用慢性病治療藥物的情形屢見不鮮。除此之外，也有愈來愈多人因為生病而陷入「老後破產」。

職員介紹了一位在心臟疾病花費不少治療費，幾乎快陷入「老後破產」窘境的女士給我認識。支援中心發現她已經難以獨立生活，同時也沒有足夠的生活費，正密切追蹤她的現況，並構思該如何予以支援。由於職員表示，該位女士或許願意接受採訪，因此我們向她提出了採訪邀約。

這位女士名為渡邊紀子（假名），年紀落在六十歲後半。二〇一四年七月，我們在酷暑中初次拜訪渡邊女士，當天久違地下起雨來。我們沿著鐵製階梯拾級而上，走上公寓二樓即是渡邊女士家。

「你們好。」渡邊女士在玄關處迎接我們到來，小聲打過招呼之後，馬上又縮進家中。我們也跟著進入玄關，並發現眼前是一條長約兩米的走道，往內走去就是起居室。

「襪子沒濕掉吧？」當我們正打算進入起居室時，渡邊女士口氣嚴厲地詢問我們。這讓我們有些窘迫，不知她為什麼這麼問。「我說，襪子沒濕掉吧？」她重複問道。「是的，沒有濕掉。」語畢她終於招待我們進入起居室。

進房後我們才理解渡邊女士為何要問這個問題。約三坪大小的房間內鋪有棉被，由於周遭擺滿櫃子與紙箱，因此只能夠坐在棉被上。如果襪子濕濕地踩上棉被當然會造成她的困擾。

「房間很擠吧？所以只能委屈你們坐在這裡了。我現在也沒那個能力去收棉被。」

渡邊女士坐在棉被上，充滿歉意地對我們說道。光只是從玄關走回房間的幾步

渡邊女士的收支

- **收入（每月）**

  年金＝0圓

- **支出（每月）**

  房租＋醫療費＋生活費等＝7萬圓

餘額 -7萬圓

路，卻已經讓她氣喘吁吁。我們發現她裝著氧氣鼻導管，頓時明白她有呼吸道方面的疾病。

「不裝這東西我就活不成了，就算是現在，我呼吸起來還是很痛苦。」約在兩年前，渡邊女士因為心臟衰竭倒下，心臟運送血液的力量就此衰弱。「你們看。」語畢伸出雙手手掌給我們看，可以明顯發現她的指尖暗沉，這是末梢血液循環欠佳的證明。

渡邊女士表示，寒冷的冬天會比氣候溫暖的時期更難熬，為了促進手部血液循環，她在家裡面總是會不時搓揉手部。說話間，她也正在搓揉自己的手部。

即便年過六十，渡邊女士仍繼續從事飯店清潔員的工作，直到因為心臟衰竭倒下才退休。退休後她才發現公司偷懶，並未為她辦理繳納年金的手續，但是卻也無計可施。渡邊女士沒有年金收入，屬於所謂的「無年金族群」，生活上只得仰賴存款。但是她在發病時支付了一大筆治療費，目前只剩下約三百萬圓的存款。光是房租她就必須每月支付四萬圓，加上生活費與醫療費等開銷，令她終日擔心存款見底。

「我最困擾的花費就是去醫院時的計程車錢。我不能不去醫院，可是卻也不可能搭電車或公車啊。」

渡邊女士只要稍微活動一下身體就會呼吸困難，要她帶著氧氣吸入裝置搭乘電車、公車到院看診幾乎不可能。氧氣吸入裝置放在外出用的手拉行李箱裡，重達五、六公斤，頗為沉重。要渡邊女士搬運這麼重的東西實在有所困難。

而即便搭乘計程車看診，走下公寓樓梯的過程也是得拼了老命。她必須提著沉重的手拉行李箱走下十五級樓梯，才能夠搭上計程車。如果一不小心摔倒了，可不只是骨折那麼簡單。而在看診結束之後，渡邊女士則要拾級而上，同樣會對心臟造成沉重負擔。

對於僅剩三百萬圓存款過活的渡邊女士來說，搭計程車往返花費的四千圓可說是「令人想要發出哀嚎的痛苦」。

渡邊女士興起想節省房租的念頭，因此開始尋找新的租屋處。我們拿國營住宅區的入住招募傳單給她看，但是都營住宅區坐落於東京都內各處，即便某些住宅區有空房，也很難要她搬到距離醫院更遠的地方。有些民間租賃的房子只要是位在一樓，條件不錯，那麼房租再便宜也會高於五萬圓。

「五萬圓太貴了，光是現在要繳四萬圓就很吃緊了。我果然還是哪裡都不能去啊……」

渡邊女士的心願是能夠搬到一個不用爬樓梯的租屋處，但是她的願望看來很難實現。

老後「住處」的選項

隨著老後的生活方式不同，高齡者的住處也各式各樣。例如日本政府與民間業者攜手推動所謂的「服務型高齡者住宅」，即便是渡邊女士這樣難以獨居的高齡者也能夠安心入住，是高齡者專用的租屋處。

只要付費，管理人就會幫忙送來餐點，同時二十四小時常駐，視情況隨時予以幫助，因此現在有愈來愈多高齡者希望入住。

但是不同於特別養護老人之家等設施，這類住宅並沒有醫師、護理師、照護員等醫療從業人員進駐，因此無法安心接受醫療與照護服務。除此之外，特別養護老人之家會視高齡者的收入決定其負擔費用，因此即便是年金收入較少的高齡者也可以安心利用，但是服務型高齡者住宅屬於民營，因此所接受的醫療服務、照護服務愈多，費用也就愈高。若是想要增加上述服務，費用也會隨之增加，因此收入偏低的高齡者實在是難以入住。

此外，付費老人之家也如同雨後春筍般冒出頭來。

這類付費老人之家大多標榜「附有照護服務」，但是往往主打以健康高齡者為對象的服務內容。經營者以具備資產與收入的高齡者為目標客群，設施內配備有泳池、露天澡堂等設備可說是基本款。就連餐點都可以選擇要吃西餐還是日式料理，充滿了各種令健康老人舒適度過老後生活的服務。某些設施的入住金更高達數千萬圓，同時還需按月繳納二十萬圓以上的使用費。對於擁有自有房屋的人來說，當然也可以選擇賣房入住這類設施，但對於手邊缺乏現金與資產的人來說仍有困難。

考量到年金收入微薄的獨居低收入高齡者急遽增加，日本政府也正在增設特別養護老人之家，但是增設的速度卻趕不上低收入高齡者增加的速度，目前仍有超過五十萬名高齡者等待入住。

相關設施缺乏的情形又以都市地區特別嚴重，地方行政機關雖曾設立收費較為便宜的照護設施（輕費老人之家、照護之家等），但仍然供不應求。

正因為公家設施缺乏，民間才有愈來愈多「服務型高齡者住宅」、「付費老人之家」成立，但是這些選項終究是跟沒有收入的高齡者無緣。也就是說，日本政府針對低收入高齡者所推出的住宅政策無法追上現狀。例如渡邊女士，她目前沒有年金收入，只得仰賴存款度日，幾乎沒有「住處」的選項。

更何況她無論是繼續住在現在的公寓裡，還是選擇搬家到租金便宜的都營住宅區，一旦存款花費殆盡，最後都會陷入「老後破產」的窘境。如此一來，她就必須接受生活保護，並在承辦人員的斡旋之下搬到指定的房屋居住。由於生活保護的租金補貼有其上限，渡邊女士終將失去決定「住處」的權利。

我們很常在獨居老人家中看到黑色的攜帶式收音機，渡邊女士也不免俗地在牆上掛著一台攜帶式收音機。對於家中沒有電視機的渡邊女士來說，收音機是幫助接收新聞和新知的唯一途徑。她的雙親已經亡故，也幾乎沒有與親戚聯絡，同時也沒有可稱得上是朋友的人。有時照護員會過來幫她打理生活，這幾乎是唯一會造訪她的人了。收音機可說是讓她掌握社會脈動的窗口。

「我原本就比較愛聽電台，不愛看電視。你們看，收音機上面有很多歲月痕跡吧。」

這台買來已經有幾十個年頭的收音機最近故障了。這台收音機現在只能夠收到AM一局的電波，但是渡邊女士還是沒辦法汰舊換新。

「你們可能會覺得，一台攜帶式收音機總買得起吧？但是對現在的我來說，已經拮据到拿不出這筆錢了……」

俗話說「禾怕寒露風，人怕老來窮」實在是其來有自。只要有錢，渡邊女士當然就可以買台新的收音機，同時也可以接受充足的照護服務、選自己喜歡的住處，進而透過這些服務重拾與社會的「聯繫」。但是因為沒有錢，她沒辦法接受這些服務，也無法接收新知，逐漸被社會孤立。

國營住宅供不應求

渡邊女士雖罹患心臟病，仍需賭命上下公寓樓梯。為此她努力尋找病患也能夠安心居住的住處。

「我打算申請都營住宅區，想著下次去聽聽看諮商會好了。」

渡邊女士出示一張諮商會的傳單，上頭的資訊顯示那是一場以希望入住都營住宅區者為對象的說明會，主辦者為居民中心。

幾天後，我們在早上九點多造訪渡邊女士的公寓。

「我們要走路過去，希望你們提早一個小時過來，因為我走路要花比較長時間。」前幾天渡邊女士就再三叮嚀過我們了。

居民中心位於車站附近，以正常速度從渡邊女士家走過去約需花費十分鐘。當時我們想，或許渡邊女士需要花費兩倍的時間吧。當天渡邊女士久違地畫了妝，並盛裝打扮。

終於要出發時，渡邊女士一臉緊張。首先她必須將裝有氧氣吸入裝置的手拉行李箱拖到玄關處，再走下陡峭的樓梯。加上當天外頭下著細雨綿綿，鐵製樓梯頗為濕滑，就連健康的年輕人都會不小心踩空。於是採訪團隊先行下樓等待，以防渡邊女士不慎滑倒時可以在下面接住她。

「請下樓吧。」

聽到採訪團隊的指示，渡邊女士將手拉行李箱往下挪一級，自己也往下挪一級，緩慢而慎重地下樓。途中她必須停下腳步，深呼吸以穩定呼吸。休息約一分鐘之後，她才宛如下定決心般再次開始下樓。終於下到一樓後，渡邊女士已經氣喘吁吁。但是她並沒有休息，而是拉著手拉行李箱開始往前走去。

「以前身體還健康時，我每天都會走路去這附近買東西，現在卻是這副德性。」

走了約十分鐘之後，渡邊女士突然在路旁公車站的看板前停下腳步。

我們原本以為她是要搭公車，但事實並非如此。

「咻咻、咻咻……」渡邊女士的呼吸變得比剛才更粗重，已經不是可以走路的狀態。

「您沒事吧。」我們擔心地詢問道。

但是她仍是默默無言地看著空中，似乎痛苦地難以回話。

「抱歉，給你們添麻煩了。」幾分鐘後，她才歉疚地說。再次出發後，我們逐漸接近車站，因此人潮也開始變多。穿越雍塞的商店街後，居民中心終於映入眼簾。果然，我們花了正常速度的兩倍時間才抵達居民中心。雖說如此，我們還是趕在諮商會開始前抵達現場，於是就先坐在長椅上稍事休息。

諮商會開始後，承辦人員說明了入住都營住宅區的方法與條件等事項，渡邊女士也一臉認真地聆聽，同時還抄著筆記。除了渡邊女士之外的其他與會者同樣也是一臉認真。

都營住宅區乃是依據所得收費，因此年收較低的高齡者等弱勢族群甚至可以用每月一萬圓的價格入住。房租較低，也就意味著能夠增加餐費等支出，因此希望入住的高齡者趨之若鶩。渡邊女士亦是其中一人。她希望能夠盡快搬到房租便宜的都營住宅區居住。都營住宅區會在數個月後開始募集入住者，而在離開會場時，渡邊女士的表情頗為和緩，或許是因為又獲得一線希望了吧。

與烏鴉為友的男性

事實上，那些陷入「老後破產」困境的高齡者受孤立的情形也日益嚴重。在第一線採訪的過程當中，我們多次目睹高齡者因為經濟困頓，進而陷入「社會聯繫困頓」。談到「社會聯繫困頓」，我總是會想起一位獨居於大田區某個都營住宅區的八十多歲男性。

他的妻子已經離世，膝下也沒有子嗣，因此只能仰賴照護員的支援生活。雖說每個月的年金收入約有十萬圓，但是在支付房租、生活費、醫療費等費用之後，他的生活仍然過得頗為拮据。

「我平常沒什麼說話對象，所以現在覺得有點高興呢。」當我們前去採訪他時，獲得了熱烈迎接，看來只要有訪客就可以讓他非常開心。

由於聊得太過起勁，不覺不覺間三十分鐘就過去了。此時我們感到房外有股異樣的氣息。當我們感覺窗戶外，也就是陽台上有某種氣息時，耳邊頓時響起一陣陣刺耳的鳴叫聲。

「咕咕、咕咕。」

「嘎嘎、嘎嘎。」

「格格。」我們嚇了一跳，準備走往陽台查看，結果聚集在陽台上的鳥兒頓時振翅飛向天空。幾隻烏鴉沒有逃走，占據了陽台。

「牠們都是我的朋友，有鴿子、麻雀、烏鴉等鳥類，我每天都會跟牠們說說話。」

我們發現陽台上灑滿了米粒，通往陽台的窗戶則維持半開，以方便看到鳥兒。

「今天狀況如何啊？」男性滿臉歡快地對烏鴉說道。

「你們結婚啦？」他詢問一對雌雄烏鴉道。

他看來似乎樂在其中。

但是左鄰右舍可能是因為深受其害，因此陽台四周架有防護網，藉此避免鳥類飛入家中。等我們一離開陽台，鴿子不到十分鐘就又飛了回來，並開始大聲鳴叫。

「咕咕、咕咕。」

「嘎嘎、嘎嘎。」

平常走在街上時，聽到鳥類在叫還不覺得怎樣，但是近距離聽到大量鳥類一起鳴叫，聲響著實不小。

「您不會覺得吵嗎？」我們問他。

「就是要夠吵才好啊。」

男性自己一個人住，平常也沒有人可以說話，烏鴉等鳥類是他唯一的朋友。以常人的角度來看，烏鴉可能是種困擾，但是他卻可以透過與烏鴉說話，稍稍轉移心中的寂寞。但也由於他刻意在家中聚集大量烏鴉，因此鄰近住戶似乎都對他敬而遠之，但他本人卻是不以為意。

若是有朋友肯來拜訪他，取代烏鴉的身分，他或許也不會繼續與烏鴉說話了。

在採訪過程當中，男性仔細地回答每個問題，有時候還會偏離主題，自顧自說起話來。

看著男性頗為開心喜悅地說著話，我們再再體認到「被孤立」是何其恐怖的一件事。

與存款見底的恐怖戰鬥

渡邊女士至今未婚，直到數年前，她仍然以六十多歲的高齡於飯店上班，工作年數長達三十五年。

「別看我現在這樣，我以前朋友可是很多呢。加上我的個性比較有話直說，所以有時候也會跟上司槓上……」

渡邊女士當時任職於一家東京都內的小型商務飯店。她主要的工作內容是清潔，但是因為人手不足，因此有時候她也要幫忙站櫃台以及處理雜務。

「我的工作內容是清掃房間、更換床單，你們住飯店時不是常常會在走廊跟清潔歐巴桑擦肩而過嗎？那就是我的工作。」

她的工作是頗為累人的體力活，有時值完幾小時夜班後，又要直接上早班的情形也很常見。遇到這種狀況時，她就會先在員工專用的休息室休息幾個小時，再回到工作崗位。

多年來，渡邊女士總是努力生活，不知不覺就錯過了適婚年齡，她做好要一個人終老一生的心理準備。但是她過於認真工作，並未照顧好自己的身體，某天終於因為心臟衰竭而倒下。

「搞不好就是因為當時工作太操，才會染上現在這種毛病。」

雖說不知道過勞是否就是導致心臟衰竭的原因，但是在她因此倒下之後，公司居然單方面解雇她。

「我明明就為公司鞠躬盡瘁了，沒想到這麼簡單就被他們捨棄，實在是很不甘心啊。」

說話間，她的眼眶泛起滾滾淚珠，並滑落臉頰。

由於公司沒有退休金，因此渡邊女士只得靠慢慢存下的幾百萬圓存款支付醫療費，以及之後的生活費。加上公司沒有為渡邊女士辦理年金手續，害得她只能過著沒有年金的生活。她就這樣被這間多年工作的公司給矇騙了三十五年。

渡邊女士當年剛開始工作時，也曾經詢問過公司有關年金的問題。她擔心公司是否確實提撥年金，畢竟如果沒有，未來可就領不到年金了。

「放心，我們都辦好了。」聽到公司如此回答，渡邊女士於是放下心來。

而現在渡邊女士手邊仍剩下三百萬圓的存款，因此她無法仰賴生活保護，必須時刻與存款見底的恐怖戰鬥。但是只要存款見底，她就可以接受生活保護，進而安心地接受醫療與照護服務。換言之，當高齡者希望以自己的力量生活，而不想要仰賴生活保護時，就無法過著安心的老後生活。

若是能夠在高齡者需要接受生活保護之前，盡快向窮困的高齡者伸出援手，那麼相信會有更多人能夠得救。如果可以摸索出一條道路，實現讓上述高齡者能夠獲救的社會，那麼我想隨著年華老去而產生的「恐懼」與「罪惡感」也會稍稍獲得舒緩才是。

醫療現場的困境

日本政府目前的方針是擴充居家醫療、居家照護等服務，藉此讓高齡者在住習慣的家中療養，而不是入住設施。因此有愈來愈多人即便罹患慢性病，或身體有諸多不適，仍然選擇居家療養。但是由於沒有人可以就近照顧，因此獨居老人在不自覺的情況下症狀加重，或是即便有自覺，卻因為經濟考量而選擇不去就醫的案例也屢見不鮮。接連出現直到高齡者重病纏身，才被送醫治療的案例。

伴隨著尖銳的鳴笛聲，救護車亮著紅色的警笛駛了進來。

昭和大學醫院位於東京品川區，二十四小時都會有各種重症病患被送往急診中心治療。當我們在急診中心的候診室等待時，急診中心主任三宅康史醫師匆拿著一篇報導走了進來。報導內容是有關於高齡者因中暑而倒下的案例急遽增加。在給我們看過這篇報導之後，他開始講起中暑對高齡者來說究竟有多麼可怕。

當時正值八月酷暑時節，因中暑而被送醫急診的高齡者接二連三。在三宅醫師關於中暑的說明告一段落之後，我們提出想要以「老後破產」為題採訪他的要求。

三宅醫師立刻點頭同意。

「這個問題也愈來愈嚴重了。」他說。

三宅醫師表示，當高齡患者被送往急診中心急救時，他發現其中有不少人「在症狀變嚴重之前都不太就醫」。由於不少高齡者都是仰賴年金過活，因此有愈來愈多人在被送醫急救時，症狀已經嚴重到醫師無計可施。甚至有人在急診中心直接去世，完全來不及予以急救。

其中有些案例只要儘早治療，就可以遏止症狀惡化。從這些案例中也能夠窺見「老後破產」的狀況何其嚴峻。

除此之外，也有愈來愈多高齡者雖說保住一命，但是卻付不起治療費與住院費，因此醫院的社工就必須與公家機關配合，著手進行過去未曾接觸過的業務，例如為高齡者辦理生活保護的手續等。

而「姓名不詳」的患者更是難以應對。當患者突然病發倒地，在陷入昏迷的狀態下被送醫急救，同時獨居又沒有身分證時，則無法確認其身分。愈是快要陷入「老後破產」的經濟拮据者，愈是會設法節省醫療與照護上的花費，因此缺乏與社會的「聯繫」。當社工不知道高齡者的姓名，也就無從確認其是否有家屬、資產。也就是說，當然也就無法幫助申請生活保護了。

陷入「老後破產」窘境的患者急遽增加，這令急診中心的醫療環境變得更為惡劣。我們決定貼身採訪三宅醫師，藉此掌握其中究竟發生了什麼事。

早上九點，醫療人員已經在昭和大學醫院的急診中心裡召開早會。大螢幕上放映著所有患者的心電圖，藉此掌握這些送急診的重症患者是否有異狀。旁邊的螢幕上則是患者的身體狀況、施予措施、投藥量等資訊，醫師、護理師、藥劑師正在討論今後方針。

「稍微減少些投藥量吧。」

「試著多做某某處理吧。」

當救護車送來重症患者之後，患者會在中心接受數天至數週的治療，在醫師評估病情較為穩定後，則可移住一般病房，如果恢復狀況順利，就可以出院回家。

「你們要看一下醫療現場嗎？」

會議結束之後，三宅醫師帶著我們前往急診處置室。救護車會直接將患者送至此處，裡面有兩張類似手術檯的病床。

「救護車的擔架床會被推進來，然後我們會直接在這裡進行急救。」

語畢，我們走向下一個病房，入口處設有自動門。這是一間占坪寬廣的急救專用病房，裡面有十張以上的病床，收容的全都是必須隨時注意的患者。而高齡者明顯較多，裝有人工呼吸器的患者也不在少數。此時三宅醫師在一位高齡男性患者的床前停下腳步。

「這位先生住在東北地區，與朋友來東京玩的時候倒下，幸虧身旁的朋友馬上打電話將他送醫急救。我們才能夠掌握他的身分，真是老天保佑。」

男性乍看約為七十多歲。獨居的他每月只能領取不到十萬圓的年金，是個令人擔心是否有錢支付治療費的案例。由於他與親戚頗為疏離，因此該位朋友是出事時的連帶保證人。

「現在這種案例並不稀奇。老實說，我們也遇過在救了患者一命之後，卻沒有人肯來把患者領走的情形……」語畢他稍微停了一會，似乎是在考慮措辭。

「即便救了患者的命，也不一定能夠幫上患者的忙。這常常讓我們感到苦惱。」

三宅醫師繼續說道。

不管發生任何事情，急診現場都需要將拯救患者性命視為最優先考量。因此醫療團隊總是拼命挽救眼前患者的性命。

但有時候看著自己拼命保住一命的患者，卻又讓他困惑不解。身為一位醫師，同時也身為一個人，他不知道「救下這條性命對患者來說是幸還是不幸」。

若是患者有親朋好友，自然可以與他們討論今後的治療方針，延命治療也會是選項之一。而拯救這條性命也會讓對方開心不已吧。但是當患者沒有親朋好友，甚至找不到人擔任連帶保證人時，即便救下這條性命，患者也沒有歸屬。看著這類患者陷入昏迷，靠著呼吸器苟延殘喘的姿態，不禁令三宅醫師懷疑，自己幫助他們真的是對的嗎？

「有錢人可以與企業簽約，由企業擔任連帶保證人。不對，其實只要有錢，就很容易找到親朋好友了啊。」

三宅醫師寂寥地表示，常常會有「親朋好友」跑來探視那些有財產的患者，並主張自己有繼承權。

家庭關係崩壞

在急診中心貼身採訪的某天，我們親眼目睹一個怵目驚心的現場。某位醫師在接完熱線電話之後，神情顯得緊張兮兮。

「有位七十多歲的男性現在要被送來。詳細情形不是很清楚，但是聽說相當衰弱。」

數位醫師與護理師頓時搶進處置室，匆忙準備迎接該位患者。不久後，耳邊傳來「歐伊歐伊」的警笛聲，於是醫師們趕緊打開處置室的大門，做好隨時讓擔架床進入的準備。接下來救護車的後車門敞開，急救員將擔架床推入處置室。

擔架床上躺著一位皮包骨的瘦弱高齡患者，皮膚已經變為咖啡色。醫師們飛快地為他清潔皮膚，並施以點滴等急救措施。

「他恐怕很久沒有洗澡了吧。為避免在進行急救措施時黴菌侵入體內，我們會先為這類患者清潔身體。」

治療結束後，負責的醫師在休息室告訴我們這件事情。雖說病因還需要詳細檢查，但是在患者身上果然出現了營養失調的症狀。急救員表示，患者的住家堆滿垃圾，且充滿惡臭。隔幾天，我們又進一步打聽到與該位患者有關的訊息。

男性並非獨居，而是與姊姊與弟弟住在一起。他的姊姊與弟弟住在一樓，他則是獨自住在二樓。彼此不會干涉對方生活，因此即便患者的房間堆滿垃圾，且長期沒有洗澡，住在樓下的姊弟仍置之不理。直到患者的身體極度衰弱，姊姊才終於發現，並趕緊將他送醫。

不只是這位男性患者，現在有愈來愈多高齡者雖與家人同居，但是彼此連話都不會說，處於「實質獨居」的狀態。即便他們生病，也大多會被放著不管。

在更為嚴重的案例當中，同居的家人甚至會對生病的患者暴力相向，或是刻意不讓他吃飯，施以各種虐待。這種案例有持續增加的趨勢。外界常常會抱持著先入為主的觀念，認為有家人同住就可以安心，因此沒有發現患者需要幫助。而同居的家人也會刻意拒絕外界介入，以致問題更難獲得解決。原本應該因為經濟困頓，兄弟姊妹才會選擇同居省錢，但是「老後破產」甚至會破壞家人之間的關係。

三宅醫師表示，希望高齡者能夠盡快對外求援，不要拖到病情嚴重才來就醫。

「現在愈來愈多高齡者靠著年金收入過活，生活頗為拮据，因此選擇不去看病，或是說他們心有餘而力不足。但是我們院方也會盡全力給予各種協助，譬如幫助患者申請生活保護等補助，因此希望患者無論如何都要來接受醫療服務。我也希望這個社會能讓高齡者不會失去求生意志。」

正因為長年目睹高齡者因為陷入「老後破產」而選擇遠離醫療的現實，第一線的醫師才會發自內心地吶喊。

從醫院到老人之家的「漂流記」

直到病情嚴重為止都不願就醫，最後送醫急診，在鬼門關前被搶救回來的武田敏男先生（假名），亦是被「老後破產」逼得窮途末路。

武田先生被救護車送往位於橫濱市住宅街的汐田綜合醫院。當地人口老化，高齡者也占了醫院患者的一半。該醫院同時附設老人保健設施，患者在治療結束後可以入住療養，並於設施內接受復健。

全日本民主醫療機關連合會（民醫連）正以低收入者作為對象，推動「免費優惠診療」。某次我們為了解相關細節而連絡該組織，這也是前往汐田綜合醫院採訪的契機。民醫連在日本全國各地共有接近一千八百處的醫院等事業所加盟，各縣都有數個事業所，提供符合資格者「免費優惠診療」。

在法律規範下，免費優惠診療以上述的高齡者等低收入族群作為對象，醫療機構將免費（或是根據其收入收取低額費用）提供診療服務。當我們提出採訪的請求之後，民醫連介紹我們前往汐田綜合醫院。根據醫院的醫務社工指出，為錢所困的患者持續變多，常常會有患者前來諮商，表示自己付不起手術費、住院費等費用。

「現在也有些高齡者在出院後無處可去，因此頗為困擾。」

社工帶我們參觀醫院附設的老人保健設施，而我們就是在那裡遇見了武田先生。「這位是武田敏男先生。」當我們走近那位坐在餐廳椅子上看電視的男性，社工如此介紹道。

「我們可以問您幾個問題嗎？」

面對我們的請託，武田先生默默點頭，並伸手抓住置於身旁的助步器站起身

武田先生的收支

- 收入（每月）

  年金=12萬圓

- 支出（每月）

  房租=3萬5千圓

  電費、天然氣費等公共費用=1萬圓

  醫療費=1萬5千圓

  稅金、保險費=5千圓

  餐費等生活費=5萬5千圓

*不包含住院費等臨時支出

餘額 0圓

來。武田先生必須使用助步器才能行走，照護度被判定為四。

「武田先生大約在半年前被送醫，之後就直接住院了。出院之後則直接住進本設施，現在正在恢復體能當中。」陪同參觀的設施負責人說明道。

武田先生罹患高血壓、糖尿病等數種疾病，一年內就重複住院、出院達五次之多。

負責人指出，武田先生雖然住院接受治療，但是出院後的獨居生活並不健康，因此症狀很快又再次惡化。原因其實就出在武田先生仰賴年金生活，經濟頗為拮据。

武田先生曾在公司任職，因此領有厚生年金，每月的年金收入約為十二萬圓。但是在支付三萬五千圓的房租之後，手頭就只剩下不到九萬圓了。他患有糖尿病等慢性病，每個月必須支付約一萬五千圓的高額醫療費。有時候再加上住院費等費用，他甚至沒錢買東西吃，只能喝水果腹。這次他被送醫時也已經骨瘦如柴，衰弱得無力說話。

「就算我覺得頭痛，也沒有錢去看醫生啊。畢竟我得買東西吃，還得支付電費、天然氣費。所以也只能忍痛不去看醫生了。」

武田先生貌似愧疚地小聲說道。對於武田先生來說，炊事等用餐準備對他的獨居生活造成極大壓力。他的照護度為四，理應可以利用照護保險，但是武田先生卻沒辦法這麼做。高齡者為了利用照護保險，每月仍須支付四千至五千圓的保險費（低收入者能夠獲得減輕）。但是因為生活困苦，武田先生曾有一段時間遲繳保險費。而為了懲罰這段時間的遲繳，利用照護保險的自費負擔也從原本的「一成」調漲為「三成」。如此一來武田先生實在無力繳納，自然也無法利用照護保險了。

愈是為錢所苦的人，愈是會遲繳照護保險費，結果陷入無法利用照護保險服務，身體狀況持續惡化的惡性循環。這類高齡者並不在少數。

「說來慚愧，我甚至連照護保險費都付不出來呢。」武田先生頹然地說。由於他患有糖尿病、高血壓等疾病，同時心臟也並不健康，因此身體狀態欠佳，總是以杯麵、麵包果腹。最後他甚至連這些食物也買不起，於是就在倒下後被送醫急救。

現今社會物質生活豐富，卻仍然會在新聞看到有人餓死的難過消息。想到武田先生也很可能會成為其中一員，不由得讓我們覺得，他能得救真是太幸運了。但這並不是那種在新聞裡出現，無關痛癢的事情。武田先生曾經是位極其平凡的上班族，過著與常人無異的人生，現在卻瀕臨「老後破產」。

武田先生出生於北海道，高中畢業後曾加入自衛隊服役數年，之後則於一家規模頗大的麵包公司上班。現在他所領取的年金就是在自衛隊服役期間，以及在麵包公司工作期間繳納的。在麵包公司時，武田先生在製造工廠的生產線上工作。他現在仍非常喜歡吃麵包。武田先生表示，入住老人保健設施之後就沒辦法出去買麵包，這讓他感到相當寂寞。於是我們問他想吃哪種麵包。

「紅豆麵包。」

平常不會有人來設施探望武田先生。

在被送醫之前，武田先生獨居於橫濱市內的一棟公寓。當他還在工作時就與前妻離婚，從此與前妻和孩子斷絕聯絡。而在退休之後，他也沒有親近的朋友，生活總是孤單一人。

「我想吃紅豆麵包。」武田先生仰頭看著我們說道，同時表示只要便利商店那種一百圓左右的紅豆麵包就好了。

得知他連能幫忙買紅豆麵包的對象都沒有，我們不由得感到一陣寂寥。

幾天後，在前往設施之前，我們特地在便利商店買了紅豆麵包。抵達設施後，就將裝有紅豆麵包的袋子遞給正在中央餐廳看電視的武田先生。

「謝謝你們。」

這時候我們才第一次看到武田先生露出笑容。他表示想要留到房間細細品嘗，看起來相當開心地拿著袋子，珍惜地不肯馬上打開享用。

其實武田先生也希望能夠早日離開設施，搬回自己家住。他的公寓位於橫濱市內，每月租金為三萬五千圓。但是醫師與老人保健設施的負責人卻判斷他不能返家，原因之一就是他已經出現失智症的早期症狀了。

他已經逐漸無法管理金錢，也無法有計畫地使用年金。可是一旦復健療程結束，武田先生還是必須離開，畢竟這不是一個可以長期居住的設施。由於不能返家，又必須離開此設施，因此只得設法尋找接下來的去處。但是並不容易。

問題出在費用，在試著尋訪民間的付費老人之家後，發現馬上就可入住的設施每月須繳納約十五萬圓，對於年金收入只有十二萬圓的武田先生來說，這是一筆不可能負擔的金額。

「或許只能設法幫他申請生活保護，藉此補足不夠的部分了。」

除了每月十二萬圓的年金收入，設施負責人又加上數萬圓的生活保護費，以此為基礎，尋找能讓武田先生入住的設施。在分析了獨居老人的年金收入之後，我們發現每月年金收入低於十萬圓的人數攀升至近三百萬人，將近占所有高齡者的一半。而武田先生每個月的年金收入為十二萬圓，已經高出平均值不少。當然也有些高齡者儘管年金收入微薄，但有充裕的存款可供花用。只是我們不由得認為，或許就是因為足以靠年金收入負擔的公立設施稀少，才導致更多高齡者必須接受生活保護。

在設施職員多次與地方行政機關交涉之下，地方單位終於開始為武田先生辦理生活保護的手續。而在兩個月之後，老人保健設施的負責人聯絡了我們。

「武田先生成功接受生活保護，而且新的付費老人之家也申請成功了。他現在看起來相當開心，日子似乎過得很愜意呢。」

為了幫助武田先生這種不知何去何從的高齡者，汐田綜合醫院以及老人保健設施的負責人今天也四處奔走。在採訪過程當中，武田先生曾表示自己從未想過老後會有不知該住哪的困擾。可是在今時今日，一旦因為生病、受傷等原因而陷入「老後破產」，高齡者就必須為了尋找明天的去處而四處「漂流」。

第四章

農村生活的隱憂

難以察覺的「老後破產」

「如果放棄掉這代代相傳的田地，我就沒臉去見祖先還有親戚了。所以我不能這麼做。」

豐裕的田園生活？

人們往往認為，「老後破產」是一種在都會獨居老人中蔓延開來的現象。但也有資料顯示，鄉下同樣有獨居老人增加的趨勢。不僅如此，由於鄉下的高齡者年金收入遠低於都市，因此可以推測「老後破產」的情形在鄉下也是頗為嚴重。但是也因為鄉下地區的農家較多，且擁有豐富的自然資源，即便沒有錢也可以自給自足，因此外界比較不會察覺到上述情形。

但是隨著農業經營漸趨嚴峻，「老後破產」的現實也悄悄地在鄉下蔓延開來。

「全國生活與健康守護聯合會」長年支援貧民生活，某次我們前去該聯合會位於秋田縣的辦事處採訪，負責人鉅細靡遺地將「老後破產」在農村地區嚴重蔓延的事實告訴我們。

「與東京不同，農家不可能只靠農業生活。而在不務農之後，光靠年金收入實在難以度日，日子苦不堪言。」

受到進口農產品的價格衝擊，日本國產米、蔬果的價格持續下滑，農耕機械的燃料費、肥料費卻不斷攀升，導致農民做愈多就虧損愈多。

「我帶你們去看看現場。」二〇一四年夏天，七月即將結束時，負責人強硬地提出要求，於是我們便跟著他的腳步，造訪位於秋田內陸地區的某個農村。從車窗放眼望去一片青翠水稻田，遠方則是青山連綿，優美的田園景緻令人讚嘆自然何其巧妙。

「夏天看起來是很不錯，可是冬天就累人了。這一帶會積起三到五公尺高的雪。」受訪者如是說。秋田縣的內陸地區屬於豪雪地帶，冬天可謂嚴寒刺骨。光是暖爐等保暖器具所使用的燃料費，每個月花上三、四萬圓稀鬆平常。獨居老人有時會委託業者或是認識的人協助剷除屋頂的雪，這種服務每次收費數萬圓不等。這片豪雪地帶有大量農家在種米，所推出的「秋田小町」品種米在日本相當知名。

看著眼前漂亮的田埂，讓人無法相信，「老後破產」竟然會在如此豐裕的景色當中蔓延。但現實是殘酷的。

「老後破產」蔓延農村

吉田勝先生（假名）已高齡八十多歲，卻仍在務農。他獨居於一棟兩層樓的透天厝裡。房屋外觀氣派，設有大樑，但是吉田先生表示，自己只會在冬天時住在這棟房子裡。

農閒時，吉田先生會到這棟位於山腳的房子居住，春天時，他則會搬到山上的房子，貼近農田生活。吉田先生祖父輩開拓的農田坐落於山頂上，夏天時，他會用來栽種蘿蔔、草莓等農作物。

「這些農產品的單價愈跌愈低，再加上肥料等費用支出，基本上每年都是虧錢。」雖然知道總是虧錢，吉田先生仍然沒有停止務農。他喜歡下田，因此總是以年金收入填補虧損，藉此繼續務農。

吉田先生每月約有六萬餘圓的年金收入，大多用來填補務農產生的虧損。加上他又有心臟方面的疾病，因此旁人常常擔心地勸他不要再下田，快點接受生活保護。但是對於從十幾歲就開始務農的吉田先生來說，農業已經是人生志業，實在難以停手。

「自從內子住進老人之家，我身邊已經沒人可以依靠了。」

孩子獨立之後，吉田先生都是與妻子胼手抵足地過活。但是他的妻子卻在幾年前搞壞身體，失智症的症狀也隨之惡化。由於吉田先生判斷自己無法獨立在家照顧她，因此忍痛將妻子送往特別養護老人之家。

為了與妻子見上一面，吉田先生每週會前往該設施一次。但是他的生活頗為吃緊，妻子的國民年金在繳納老人之家的費用後就所剩無幾，若是她的醫療費負擔繼續加重，吉田先生就必須以自己務農的收入，以及年金收入來支付這筆費用，著實是一大負擔。

「畢竟是這麼多年的牽手了，所以不管經濟狀況多差，我還是得想辦法啊，不然她就太可憐了。」

吉田先生不惜縮衣節食，藉此支援住在設施裡的妻子。我們深刻地感受到吉田先生愛惜妻子的心意，但是卻也擔心他會撐不住勞累而先行倒下。

幾天後，吉田先生開車帶我們前往山頂的農田參觀。從主幹道轉入山道之後，道路變得狹長，僅可供一台車輛行駛。我們就這樣忽左忽右地在山區道路上蜿蜒行駛。林中依稀可見已經化為廢墟的建築物，從前人潮聚集的村落已是荒廢多年。

「那棟建築物以前是旅館呢。」

在秋田縣的內陸地區，人跡罕至的山區坐落著幾處被譽為「祕湯」的溫泉，當年日本泡沫經濟時期，自都市造訪該旅館的旅客絡繹不絕，這棟溫泉旅館現在卻已化身廢墟，留下鬼屋般的腐朽骨架。接近山頂時，視野豁然開朗，一片開闊農田躍然眼前。

「這片田地我拿來種蘿蔔跟草莓。」

寬闊的農田旁零星坐落幾棟房屋，形成了一個小聚落。聚落裡的農民也都跟吉田先生一樣，只會在夏天農忙時期住在山頂的房子。吉田先生寂寞地表示，這個聚落過去住著幾十戶人家，現在卻只剩下五戶。二戰結束後沒多久，祖先們前來開山闢地，開拓出這片寬闊的田地。據說來者大多是自滿州遣返的日本人，以及自戰地返鄉之後無家可歸的農家次子、三子們。

在那個人們連肚子都無法填飽的時代，祖先們就這樣苦心竭力地開拓出這片田地。

巡視完農田，吉田先生邀請我們回到山上的家中坐坐。從這棟兩層透天厝的玄關入內後，正面是起居室，旁邊則為客房。客房設有佛壇，欄間則擺放著祖父、曾祖父等歷代祖先的照片。看來土地與房子都是代代相傳，但是吉田先生大概是從事農業的最後一代了。畢竟孩子已經成家立業，選擇其他條道路，歸根究柢都是因為務農只會賠錢。

「我不知道自己還可以下田多久。」看著窗外的農田，吉田先生喃喃自語道。一旦疏於照顧，農田轉眼間就會化為荒地。今時今日，農村面臨人口高齡化，許多農家都瀕臨「老後破產」，日本各地的田園景緻都逐漸走入歷史，此現實有日益蔓延的趨勢。

自給自足，野外求生式的老後生活

「秋田縣生活與健康守護聯合會」的負責人表示，有位女性的生活過得更為嚴峻，並將她介紹給我們認識。據說她過著接近自給自足的生活，幾乎沒有在吃飯上花錢。該位女性由於付不起房子的房屋稅等稅金，因此參加了聯合會，希望承辦人員能夠教導她如何辦理「減免申請」，藉此避免繳稅。

在秋田縣內陸地區的平原上，同樣有成片田埂。不同於吉田先生務農的山區，平原上除了有田埂景致之外，也有住宅等建築物。但是年輕族群大多選擇出外發展，不願繼承家業務農，因此也導致孩童人口急遽減少。

「你們看，那棟小學也廢校了，現在已經沒在使用。秋田縣變成一個只有老人的地方。」

聯合會負責人邊開車邊說道。

「就是這裡。」車子停在一棟建於河川沿線的木造住宅前。木造部分已然發黑變色，頗有歷史痕跡。

為了防範大雪，玄關採雙重設計，打開木製拉門後，還有一扇鑲著玻璃窗框的拉門，打開後才是脫鞋區。

「等你們好久了。」

北見女士的收支

● 收入（每月）

國民年金＝2萬5千圓

● 支出（每月）

餐費等生活費＝4千圓

醫療費（含往返交通費）＝1萬圓

電費、天然氣費等公共費用＝1萬1千圓

餘額 0圓

語畢，北見成子女士（假名）從房內走了出來。由於她講話有很重的秋田腔，因此我們只得請聯合會的負責人協助翻譯。

「她說經濟狀況真的很拮据，身邊靠年金生活的朋友也都這麼說。希望你們可以將這些心聲聽進去。」

透過負責人的翻譯，我們與北見女士展開對話。務農時，北見女士有繳交國民年金的保險費，這也是她現在唯一的收入。但是國民年金最多不過六萬多圓。而令人驚訝的是，北見女士每個月只靠著兩萬五千圓的年金收入過活。

事實上，年金保險費的支付上設有

一項規定，當保險人面臨經濟困難時，只要向相關單位出示收入證明，就可以免於支付保險費。但是隨著未支付的期間長短，之後所能領取的年金也會跟著減少。在務農期間，北見女士曾經因為虧損連連而無力繳納年金保險費，因此目前只能領取每個月兩萬五千圓的國民年金。加上她本身幾乎沒有存款，因此只得過著自給自足的野外求生生活。

「每個月我只會買兩次東西，每次只花兩千圓。」

每週她用在購買食物等生活必需品的金額為一千圓，也就是每個月只能使用四千圓。剩下的錢則用來支付水費、天然氣費等公共費用，以及保險費等，生活相當拮据。

五十多歲時，北見女士遭遇讓她陷入「老後破產」的危機。北見女士夫妻兩人長年務農，大約從二十年前開始，貿易自由化讓米價開始下跌，北見女士一家人的生活也變得愈來愈艱難。即便是米價尚未下跌時，北見女士的丈夫每年冬天仍需要前往關東地區兼差，透過在工地工作等等收入填補農業上的虧損。

雖說膝下育有兩子，但是卻也為了養大兩個孩子而讓夫妻吃足苦頭。當孩子終於獨立成長時，丈夫卻在外地兼差時因心肌梗塞而倒下，被送往關東的某家醫院急救。

病情穩定之後，丈夫被送回居住地的醫院，並住院一個月。住院費讓兩人的生活雪上加霜，丈夫為了多賺點錢不辭辛勞地工作，近十年來多次住院、出院，期間北見女士只得兼些手工貼補家用，原本就不多的存款也幾乎都花在生活費上了。

北見女士的丈夫在十六年前去世，之後她的生活變得更加嚴峻。

失去了丈夫微薄的年金收入，北見女士只剩自己每月兩萬五千圓的收入繼續務農。從此她每逢虧損就賣田，生產規模也隨之縮小，以致收益減少、虧損增加，陷入惡性循環。對她來說，繼續務農就意味著破產。

迫於無奈，北見女士將田地租給大規模栽種稻米的農家，並約定以米作為承租田地的租金，藉此避免賣田。由於田地的規模不大，因此租田拿到的米只夠北見女士自己享用。此外的生活費只得仰賴年金收入。

北見女士過著拮据的生活，而她能夠仰賴的就是沒與自己同住的兩個孩子。雖說兩個孩子是她心靈上的支柱，但是她卻無法在經濟上仰賴他們。北見女士知道，孩子們的生活也不寬裕。

「孩子們也有自己的孩子，生活並不好過。所以我只能靠自己。」

每個月靠著兩萬五千圓過活，比想像中還要嚴苛。

傍晚時分，天氣轉涼，北見女士出外巡田。五點過後，夕陽逐漸西沉，在這八月半的酷暑時節，即便身處氣候相對涼爽的東北地區，吹來的仍是陣陣熱風。從後門走出去之後，北見女士的田地就近在眼前。雖說現在她將耕種交由他人負責，每天早晚仍然會巡田一次。因為她希望能幫忙調整水高、插秧、澆灌等作業，在自己能力所及的範圍內給予協助。

她的手邊目前只剩下一塊田地，同樣是已去世的丈夫從祖先手上繼承下來的。自從嫁入北見家，北見女士種稻已有五十個年頭，從中衍生出的眷戀，以及祖先輩對土地的思慕讓她每天都站上田地。她有時幫忙清掃堵塞溝渠的落葉，有時專注地觀察稻田的水面下。北見女士身形嬌小，身高只有一百四十公分左右，當她在田裡蹲下時，周遭其實難以注意。因此一旦在田地裡倒下，恐怕也不會有人前來幫忙，因此務農對她來說其實不甚安全。有鑑於此，她被規定只能在早上與傍晚各巡田一次。

醫師禁止她在夏天酷熱的白天時段出外作業。由於北見女士患有心臟病，也不知道何時會發作，因此不可以長時間在酷熱環境作業。她曾經因為勉強工作導致狹心症發作，最後被送醫急救。時至今日，她仍是需要配合服藥，並定期回診追蹤病情。

聯合會負責給予北見女士支援的職員曾多次勸北見女士不要務農了，畢竟她的年金收入微薄，足以接受生活保護，只要處理掉田地等財產，並接受生活保護，不就可以讓生活過得很輕鬆了嗎？但是北見女士卻從未接受此建議。

「或許只要處理掉田地等財產，我就可以接受生活保護，但是如果放棄掉這代代相傳的田地，我就沒臉去見祖先還有親戚了。所以我不能這麼做。」

請領生活保護對許多人來說是精神上的重擔，是一種罪惡感。相較於都市地區，鄉下地區在這方面的傾向更為嚴重。由於村子裡住的都是從小認識的人，因此請領生活保護一事不僅觀感欠佳，也可能會害家人被村人苛責，懷疑他們「為何對家人置之不理」。而北見女士似乎也強烈抗拒請領生活保護。

「在意周遭眼光」可說是農村特有的情形。北見女士的起居室裡掛有五幅月曆，五幅月曆的款式各有不同。如果只是要確認日期，其實只要掛上一幅就夠了。之所以要在房間裡掛五幅月曆，其實另有理由。

「不掛可就對不起送月曆的人了。」

月曆下方都印有「〇〇汽車銷售公司」、「〇〇釀酒廠」等製作、發送月曆的企業名稱。北見女士總是會一視同仁地將收到的月曆掛在起居室牆上，藉此避免惹惱送月曆的人，讓對方覺得「我特地送月曆給妳，妳卻沒拿來用」。

「鄉下人經常互相串門子，如果被發現沒有把收到的月曆掛起來，之後外面可能就會傳起一些奇怪的傳聞。那樣可就困擾了，對吧？所以在鄉下一次掛好幾幅月曆的情形很常見。」

周遭全都是認識的人，當然能帶來安心感。但在另一方面，卻也因為跟每個人都認識，才會更害怕讓別人看到自己的窩囊樣，讓親戚蒙羞。有時候，這份堅持甚至會讓他們對利用社福制度一事敬而遠之。北見女士亦是如此。

靠採集野菜果腹

「我今天要去採蜂斗菜，這時期勉強還採得到。」

某天採訪團隊拜訪北見女士家時，她如此對我們說。每週她可以花費的餐費為一千圓，買完雞蛋與牛奶等食材後就花費一空。此外的食材全都是採集自山林野外。正因為生活在自然資源豐富的鄉下地區，能夠輕易採集到野菜、香菇等食材，北見女士才能使用這套野外求生術。

她前往一條倘流於堤防旁的小河，仔細一看，堤防的斜面上生長有雜草，而蜂斗菜也混雜其中。北見女士用力將蜂斗菜一株株連根拔起，這些蜂斗菜大約都有五十公分長。

「要我去買菜，我也沒那個錢啊。所以還是像這樣拿免費的比較好。」

「差不多該回去囉。」北見女士手不停地採集蜂斗菜約三十分鐘後，終於決定回家。她收穫頗豐，多到無法用雙手抱回家。於是她將蜂斗菜一把一把地放進背包裡，再「嘿咻」一聲將背包背起。

步行返家後，北見女士將蜂斗菜莖排列在玄關前曬乾，接下來就開始準備午餐。她從冰箱拿出小條茄子，並開始清洗它。

「這是我在自己的田地裡採到的茄子。這是蕨菜，也是我自己採的。」

早春時，北見女士採來蕨菜，並做成泡菜。瓦斯爐上正在加熱早上預先做好的豬肉湯。

「湯裡用的蔬菜都是我在院子裡種的。但是豬肉當然還是去外面買的啦。」

北見女士將煮好的料理擺在桌上，其中有一道菜是煮小魚。她是在田地旁的溝渠發現這約十五公分長的小魚，於是就以網子撈起來加菜。

「一起吃吧，很好吃唷。」

我們不好意思讓生活拮据的北見女士請客，但也不願糟蹋她做東的美意，於是從善如流地坐下用餐。午餐中的蔬菜吃起來鮮甜可口，水分飽滿。而小魚的調味也相當清爽，相當適合在炎熱的夏天享用。

「我通常都會邊吃飯邊看ＮＨＫ午間新聞。」

北見女士起身將電視插頭插上，準備打開電視。為了節約電費，電視平常沒有看的時候，插頭都會拔掉。其他家電也是比照辦理。

「我其實也不知道這樣每個月能省多少錢，但是插頭沒用還插著很浪費啊。」

吃完飯之後，北見女士再次起身拔掉電視插頭。

我們偶然發現起居室的柱子上貼有破舊貼紙，表面已經褪色。上面的人物是《魔法師莎莉》，在日本經濟高度成長的一九七〇年代，這部動畫在少女之間蔚為風潮。當時這間起居室裡充滿少女們的笑聲，農業發展也一片看好，相信北見女士那時候從未想像過，自己會在未來瀕臨「老後破產」才對。

日本社會的變化就是如此劇烈。

醫療資源匱乏的農村

對於每個月只能以兩萬五千圓生活的北見女士來說，醫療費是一大負擔。這筆花費攸關性命，因此也不能省。北見女士從起居室的置物架裡拿出一個藥袋，裡面裝有心臟病與高血壓的藥。

「醫師跟我說，感覺心臟真的很不舒服時，把它含在舌頭下舔就能舒緩症狀。」

說話間，北見女士拿出「耐絞寧」（Nitroglycerin）給我們看。這是一種心臟病患者的常備藥。由於心臟病患者必須密切接受病情追蹤，因此必須定期回診。但是農村附近並沒有綜合醫院，光是要前往規模較大的醫院就十分累人。而北見女士家附近也沒有醫院設有心臟內科，因此每兩個月就必須搭電車，舟車勞頓地前往遙遠的綜合醫院回診。

北見女士在回診當日比平時更早起，七點半就從自家出發。她背著後背包，鎖上大門後就前去搭車，「累人的一天」又開始了。

北見女士家距離車站步行約二十分鐘，雖說八月正值盛夏，但早晨的氣溫尚且涼爽，陽光和煦。她的腿部與腰部肌肉頗為強健，因此邁開大步前往車站。

「以前我還可以走得更快，現在走起路來果然比從前難受。有時候還會不停心悸呢。」

抵達車站時，要搭的電車還要十幾分鐘才會到站，由於這班電車的班次比較少，因此她提早出發應該是為了避免趕不上電車吧。買好車票後，北見女士爬上樓梯，前往對面的月台。她邁著沉重步伐拾級而上，臉上浮現方才步行時從未有過的痛苦神情。爬到一半時，她還停下腳步，稍微喘了口氣。從樓梯下到對面的月台後，沒過多久電車就到了，車廂內零星坐著幾位通勤學生，北見女士找到了空位坐下。

從車窗向外望去，可以看見寬闊的稻田，以及遠方的山巒景致。北見女士凝神眺望。

陽光灑落在她那黝黑的臉孔上，斧鑿般的皺紋顯得更為明顯。放在膝蓋上的雙手也是黝黑粗糙。應該是長年務農，讓她的臉跟手都顯得如此歷經風霜吧。搭了約十五分鐘的電車後，我們抵達目的地的車站。北見女士說了聲「好！」幫自己打氣，接下來就起身離開座位。

還沒到醫院，我們必須轉乘前往醫院的巴士。在停靠站稍等一會後，往醫院的巴士緩緩駛來。

交通費單程就需花上六百圓，來回更超過一千圓。雖說每兩個月回診一次，但是再加上醫療費，對於靠著每個月兩萬五千圓左右年金過活的北見女士來說仍是沉重負擔。

日本某些地方行政單位已經推出高齡者免費搭乘大眾運輸的政策，譬如東京都的都營巴士等大眾運輸推出「敬老票」，高齡者持票可以免費乘車。但是某些公家經營的巴士連年虧損，接連廢線，遑論推出敬老制度了。經濟無虞的高齡者自然可以選擇搭計程車，但是對於靠著年金收入拮据過活的高齡者來說，外出變得更加困難。

轉乘巴士後，巴士約在十五分鐘後抵達醫院前的停靠站。算上電車與巴士的候車時間，單程就花費了約一個半小時的交通時間。我們在快九點時抵達醫院，北見女士掛號後就坐在候診室的座位上等待叫號。此時候診室裡還只有零星幾位患者，其中也有人躺在椅子上小憩。

「我來得算慢囉，有些人早上六、七點就來掛號了。」

由於這座醫院是當地唯一的綜合醫院，有時看診人數一多，得等上好幾個小時。

「人多時，往往要等到中午咧。」

醫師準時於九點開始看診，並在約十分鐘後叫到北見女士的名字，要她前去接受尿檢與抽血。

「接下來難熬了。」語畢她就前往抽血室。完成尿檢與抽血後，北見女士回到候診室，卻遲遲沒有叫到她的名字。大廳不知從何時起已經人滿為患，連個座位都找不到。大家幾乎都是高齡患者。

北見女士繼續等待，一小時過去了，兩小時過去了……仍然沒有輪到她看診。「北見女士，北見女士。」三小時過去，當她快等不下去時，院內廣播終於叫到她的名字。

她進入診間，醫師向她出示尿檢與血檢結果，同時詢問她的身體狀況是否有變化等。

「目前您的身體狀況看起來沒什麼問題，我會繼續開藥給您，請您按時吃藥。」醫師僅花約五分鐘就結束看診。等了好幾小時才看到診，卻僅花五分鐘就結束了。雖說如此，看診結果顯示沒有問題仍令她露出安心的表情。

接下來北見女士前去窗口付費，看診費與藥費合計為四千圓，再加上交通費可是一筆沉重負擔。但是她仍然堅持回診，因為假如病情加重至必須住院，她可付不起住院費啊。

北見女士完成全數手續後，沿著相同路線返家，背影透著疲憊。一進家門，她直接癱倒在起居室的榻榻米上。從醫院回到家往往已經下午兩點多。北見女士表示她歸程也不能跑去其他地方閒逛，畢竟逛街可是得花錢的。從她早上出發算起，她總共耗費約六個半小時在回診上，而且未來也得繼續下去。

「窮人就是該死吧。」躺在榻榻米上，北見女士望著天花板嘀咕道。

北見女士平時的語氣謙和有禮，這是我第一次從她的語氣中感受到「憤怒」。

「新聞裡看起來就是這樣。負擔愈來愈重，窮人家在這世道可愈來愈難過活囉。」

日本政府為迎接超高齡社會的來臨，正緊鑼密鼓地重新檢視社會保險制度，因此民眾在醫療、照護等方面的負擔也更加沉重。相較於物價水準等指標連年攀升，年金卻是逐年縮水。北見女士這種仰賴年金過活的獨居老人，對大環境的嚴峻應該有切身體會。

「想到接下來要怎麼過，我有時候都會想去死，真的沒騙你們。但是我還有田地要顧，可不能就這麼死了啊。」北見女士泣訴對未來的龐大不安，她實在無力負擔。

最後講到「田地」二字時，北見女士的側臉看上去不容侮辱。

「我這輩子都用來守護田地，也因為有田地，我現在才能繼續活著。」聽到她這麼說，我們又了解到另一個導致鄉下地區貧窮狀況不易發現的原因。

豐富的自然資源讓鄉下人可以自給自足，而誓死守護田地的自尊心也給予他們繼續活著的力量，讓他們願意拼死忍耐，不願對外求援。在東北地區的村落，農民以每月約三萬圓的年金收入獨自過活的情形相當常見。仍有許多人不願放棄田地，選擇繼續忍耐，拒絕接受生活保護。某些行政機關會靈活運用制度，讓高齡者在保有田地、房子的前提下，仍能接受生活保護。

我希望當高齡者感到痛苦時，不要忍耐，盡快對外求援，這是我們在貼身採訪北見女士的過程中最有感觸的地方。我們相信，一定會有方法讓北見女士得以在重要的田地旁安心過活。

鄉下獨居老年人口持續增加

明治學院大學的河合克義教授針對日本全國各地獨居老人的生活現況進行調查，並指出人們往往認為鄉下地區與家人同居的高齡者較多，但事實並非如此。隨著工作人口離開農村求職，鄉下地區的人口逐漸老化，獨居老人的人數也隨之增加。調查結果顯示，鄉下地區的年金收入比都市地區來得低，河合教授認為這是其中最為嚴重的問題。

山形縣最上町的務農人口較多，於該地區進行調查後發現，獨居老人收入低於生活保護水準的比例超過五〇%。由於大多數的農民都擁有田地、房屋，因此不致於生活困頓。但是在進行訪問調查之後，許多高齡者卻表示「自己沒有未來」，控訴對將來的不安。農民們靠著種稻米幫助日本克服二戰後的食糧困難，讓全日本都能溫飽，這是他們歷久彌新的榮耀。然而農民們自食其力居住於農村當中，卻也對老後生活感到不安，控訴「自己沒有未來」。不只是都市地區，「老後破產」的現實也在鄉下地區蔓延開來。

第五章

老後親子破產

中年失業、照護離職的「老後破產」預備軍

「現在我真的很不安、很不安、很不安……」

家人介入造成照護困難

「老後破產」持續蔓延，而居家照護、居家醫療從業人員在第一線應對高齡者的需求，為此殫精竭智。他們指出，在拯救瀕臨「老後破產」者的過程中，家屬拒絕接受相關服務的案例最難處理。乍看之下，家屬的存在應該較能令人安心，但是事實上，家屬的存在有時反而不易察覺高齡者「老後破產」的徵兆。

某間位於東京足立區的照護站會依個案進行討論，構思讓高齡者接受充分照護服務的方法，再予以應對。該照護站的員工為十人，包含負責制定高齡者照護方案的照護經理與照護員等。

來到照護站，職員們都在接電話、製作文件等，忙得不可開交。照護站的人手大多不充裕，因此照護員往往都要身兼數職，在提供居家照護服務之餘，還得回到照護站製作文件，或是提供電話諮商等服務。

「你們好，請在此稍坐。」

一位女性職員在入口附近看到我們，先招呼我們一聲。接下來她接了幾通電話，並完成了手邊的文書作業後，才又走了過來。

「本次我們的採訪內容希望著重在『金錢』的面相。聽說有許多高齡者的年金收入低於生活保護水準，生活過得很艱辛。希望能夠向妳請教現場的情況……」

我們表明來意後，職員臉上泛起苦澀神情。

「事實上，我們這些現場工作者也很煩惱該如何處理這些問題。」

這間照護站難以應對的案例愈來愈多。有時候家屬表示會自行照顧高齡者，拒絕相關的照護服務，而生活保護制度也大多無法及時因應這類案例，導致難以有效應對。

有時候高齡者本人也會拒絕照護服務。這種時候只能夠反覆與高齡者說明，希望對方能夠理解。如果家屬介入，還要連帶說服家屬。可是一旦遭到家屬反對，照護員也只能無功而返了。

「希望減少照護員的服務，譬如次數、時間等。」

這類情況被稱做「照護抑制」。由於能負擔的費用有限，因此即便不夠充分，還是只能在負擔得起的範圍內接受照護服務。在這類案例當中，沒有與高齡者一起居住的家屬大多表示自己會去照顧高齡者，藉此補足照護服務不足的部分。對於家屬提出的建議，高齡者幾乎不會反對。

但是對於照護員來說，因為無法提供充分的照護服務，因此在進行訪問照護時，往往會充滿不安。

照護站也介紹了令他們費勁心力的案例。

拒絕「支援」

某位男性職員提起某個案例。案例中的男性自己住在獨棟透天厝裡，距離足立區的照護站步行約十分鐘。

谷口剛先生（假名）年紀約在七十初頭，並未接受充分的醫療與照護服務，因為他的家屬持續予以支援，不願讓他接受生活保護。

當年谷口先生從事建築師傅的工作，對自己的身體頗有自信。但是年過六十之後，他的身體開始常出狀況。他沒有結婚，也沒有與任何家人同居，只能夠獨自生活。

出院後，他幾乎臥床不起，無法自行走路、如廁（照護度認定為四）。照護員幾乎每天都會前去探視，幫助準備飯菜、打掃等，藉此協助谷口先生維持生活。

「谷口先生的年金收入約為每月五萬圓，理應能接受生活保護才對，但是卻因為手邊還擁有房子而無法接受生活保護。」職員說明道。

由於谷口先生的狀態接近臥床不起，原本照護站想要增加訪問照護的次數與時間，但是在谷口先生能夠以年金支付的範圍內，實在是難以增加更多的服務量與時間了。

「不能把房子賣掉嗎？這樣子他就可以住進公寓，同時接受足夠的照護服務了。另外根據賣房金額不同，我想或許也可以住進照護設施啊。」

「難處理的地方就在這裡。」職員咕噥道。

「他有位弟弟住在東京近郊，表示不想要把房子賣掉。」

谷口先生的弟弟每個月會來照護哥哥一次，同時給予金錢上的支援，譬如幫助支付公共費用等支出。看樣子弟弟似乎也很擔心沒住在一起的哥哥，在能力所及的範圍內給予幫助。

「下面只是我的推測。我想哥哥目前住的房子是他們的老家，裡面有很多回憶。所以弟弟希望在谷口先生去世之後，能夠由他繼承並繼續守護那棟房子。」

職員對我們說明了弟弟不願賣房的理由。

一旦家屬拒絕賣掉充滿回憶的老家，高齡者因為無法處理掉自有住宅，也就無法接受生活保護了。

而谷口先生的弟弟也願意不辭辛勞地照顧他，這讓事情更難處理。

在照護站向我們介紹谷口先生的幾天後，我們有幸可以與本人見面。

「谷口先生家距離照護站很近，走路就可以到了。」

由負責谷口先生的男性職員帶頭，我們一行人走路前往谷口先生家。這是一條透天厝林立的住宅街，附近零星坐落有幾間小商店。街景頗為陳舊，有著不少看起來頗有歷史痕跡的房屋，可能有不少住戶長年居住在此。谷口先生的家門口是一條僅可供一台車通行的小路。

「您好！」

職員多次打招呼，但是遲遲未獲回應。於是職員逕自進入家中，看起來已經相當習慣。

「打擾了。」

房間裡，職員再次告知谷口先生我們一行人來訪的原因。

「各位請進。」

得到職員呼喚，於是我們走上玄關，踏進起居室。我們這才理解谷口先生為何沒有回應來自玄關的招呼聲。

起居室內放著一張照護床，谷口先生就躺在上面，身體幾乎無法活動。平常他臥床不起，就連說話也難，光是要發出「嗯嗯」聲來回應就不容易了。他並不是「沒有回應」，而是「沒辦法回應」。

「雖然您現在身體不太好，連話都說不清楚，可是以前可是位手藝高超的建築工頭呢。」

職員笑著向谷口先生搭話，谷口先生則默默地笑了出來。大約到二十年前為止，谷口先生仍經營著一家小型土木營造公司，手下有不少員工。日本經濟泡沫期時，公司上下都忙得不亦樂乎，經營可說是一帆風順。

谷口先生具有領袖氣質，同時又很好相處，總是會請員工吃飯，或是邀約出遊，頗受下屬信賴。

但是隨著日本泡沫經濟崩潰，公司的案件銳減。六十多歲時，谷口先生欠了一筆錢，公司也倒閉了。他終生未婚，長年埋首工作，身體狀況也在公司破產後持續變差，現在已經難以自己獨立生活，必須仰賴照護員幫助。

「我記得您說以前酒量很好，一個晚上就可以喝掉一升，對吧？」

職員笑著詢問谷口先生。

「……那小意思啦。」

谷口先生輕聲表示。這一句話讓周遭眾人都大笑出聲，氣氛頓時緩和許多。相信過去谷口先生在氣氛肅殺的工作場合也是如此開朗，讓周遭充滿歡樂氛圍。他留著短短的平頭，談起工作的種種總是一臉驕傲，能夠從中遙想其當年英姿。

環顧房內布置，可以發現牆上掛有多幅魚拓。包含一副長達一公尺的巨型鯛魚魚拓。

「這些全都是谷口先生您釣到的嗎？」

谷口先生聞言，頓時露出驕傲神情，似乎就是在等這句話。

「我真想再去釣一次魚啊。」他感慨地喃喃自語。

谷口先生當年非常喜歡釣魚，甚至連用來裝釣具的木箱也全都親手打造。放假時，他還會特地跑去千葉、靜岡等地釣魚。但是自從無法獨自行走後，谷口先生就不能再去釣魚了。若是身邊有家屬貼身照顧，那麼或許還可以勉力為之，但是他並沒有同居的親朋好友，照護保險所提供的服務也不包括陪同從事閒暇娛樂。

對谷口先生來說，光是要在狹窄的床上躺下、坐起就已經是費盡心力。我們魂不守舍地聽著電視機的聲音，看著躺在床上的谷口先生，心頭泛起一陣焦慮，雖說想要實現他「再去釣一次魚」的夢想，但是卻做不到。對於靠著年金收入拮据過活的谷口先生來說，並沒有任何方法幫助他實現夢想。而這也是令我們感到焦慮的原因。

房間桌上擺放著電費、水費等公共費用的收據。

「您的弟弟會幫忙付這些錢對嗎？」

對於我們的問題，谷口先生默默地點點頭。

谷口先生的弟弟與妻子、孩子一起住在東京近郊。即便年過六十仍靠著時薪工作貼補家計，過著頗為忙碌的生活，儘管如此，弟弟依然願意抽空前來探視谷口先生，他的體貼無疑為谷口先生打了一劑強心針，同時也感到相當開心。

「我還有家人，所以沒辦法跟哥哥一起住。」

雖說如此，谷口先生的弟弟仍是盡可能給予哥哥支援。

但是弟弟反對哥哥為接受生活保護而賣屋，或許是因為弟弟本身也有雙親遺產的繼承權吧。如此一來谷口先生就只能靠著年金過活。

谷口先生真的有辦法在不增加照護服務的情形下，繼續獨自生活嗎？無法繼續獨居的日子總是會來到，照護員能做的就是盡可能將這一天推遲。

前陣子，谷口先生不小心在從床上站起的過程中跌倒，就在地板上蜷曲了一整天，直到隔天照護員前來才發現。若是在谷口先生無力獨自生活之前，能夠增加讓他住進設施的選項，那麼就能較為放心，但是家屬的存在卻限制了這些選項。

「未來您打算怎麼辦呢？」

或許是知道弟弟「不想要將這棟充滿回憶的房子交給別人」，谷口先生的回答是想要繼續住在家裡。或許也是因為他明白，若是想要在沒接受生活保護的情況下入住設施，相關費用就必須由弟弟負擔，進而對弟弟造成困擾。

當家屬的意志與高齡者本人的意志複雜交錯，彼此皆立意良善時，事情反而會更難處理。本案例讓我們對這件事有了切身體會。

「老實說，完全孤立無援的人往往比較好支援。當高齡者與家屬之間的連結錯綜複雜時，家屬的反對意見上常常會讓高齡者不願接受生活保護，以致事情難以有進展。」

從谷口先生家返回照護站的路上，照護員向我們吐露真心話。當高齡者有家屬存在時，無論是照護方針、費用、住處，乃至於財產繼承……等等，都無法忽視其意見。除非高齡者本身的意願相當清楚，照護站可以根據其意願決定照護、住處等事項。

一旦有家屬願意提供支援，在決定將來何去何從時，高齡者大多不會無視家屬的意見。幾乎在所有的案例當中，凡事都必須尊重家屬。如此一來，當高齡者本人與家屬的意見相左時，高齡者往往會「顧慮到家屬」，而選擇優先考量家屬的意思。

也因為如此，在社福第一線工作的從業人員才會感到困惑，畢竟比起家屬的意見，他們更希望能優先考量高齡者本身的需求，幫助高齡者實現期望的老後生活。

「當高齡者與家屬有連結時，事情往往會更難處理。」

重新咀嚼這句來自社福第一線的話語後，讓我們體認到問題何其難解。因為「家屬的體貼」會推開社福支援，同時也讓高齡者遠離社福支援。

當給予支援的家屬在想法上與高齡者所希望的老後生活有出入時，外界也無法提供有效的協助。這件事不只發生在生活保護的申請上，特別是當高齡者罹患失智症等疾病，以致缺乏判斷能力時，家屬的決定可能左右高齡者的老後生活，有時候也會發生將支援推開的結果。這是個殘酷的現實。

上述事實明確地顯現在「成年後見制度」（監護制度）上。

「成年後見制度」以缺乏自主判斷能力的高齡者作為對象（譬如罹患失智症等），由他人代為進行各種契約行為。為了進一步了解該制度，我們前去採訪橫濱

的法扶團體 。當成年人因為罹患失智症等疾病而失去判斷、管理金錢、進行契約行為等能力時，即可透過本人或家屬申請，或是在公家機關的判定下，選定高齡者的法定代理人。

有時法定代理人是由家屬擔任，有時則付費委託律師、代書擔任。該制度是為了遵循高齡者本人意見打造生活，並保護其資產。

但是「成年後見制度」並非盡善盡美。有案例顯示，即便高齡者罹患失智症等疾病而缺乏足夠判斷能力，仍有家屬拒絕為其選定「法定代理人」。

對家屬來說，因為自行擔任法定代理人很「麻煩」，而且又「討厭」，於是予以拒絕。而委託律師、代書等法律專家又要「花錢」，他們也「討厭花錢」，因此同樣予以拒絕。

其實支付給法定代理人的費用無須由家屬負擔。高齡者作為當事人，每月會由其資產提領一萬多圓的費用（依據代理項目而有所調整）支付予法定代理人，因此家屬的荷包並不會因此縮水。但是即便是這種案例，拒絕委託法定代理人的情形仍不在少數。

反對的理由通常源自利己主義，因為不希望法定代理人的存在而導致「繼承的財產變少」。此時除非有特別熱心的人強行為高齡者選定法定代理人，否則高齡者就不會有法定代理人了。

事實上，亦有擔任法定代理人的代書表示，家屬間狗屁倒灶的糾紛不只如此。「如果委託法律專家擔任法定代理人，我不就不能隨便花祖母的存款嗎？」似乎有不少人認為自己是高齡者的子孫，因此有使用失智高齡者財產的權利。事實上，也真的有曾孫擅自將高齡者的存款花在學校註冊，以致高齡者無法入住社福設施。這類事例令我們相當驚訝。

「守護高齡者本人的生活與權利，這是成年後見制度原本的宗旨。即便是重要的家屬，若是為了利益而危害到高齡者的老後生活，那麼就與該制度的宗旨不符。」

代書受委託擔任法定代理人可謂稀鬆平常，他們感嘆社會缺乏對成年後見制度的理解，而其中被置之不理的往往都是高齡者本人。

有人明明就擁有大量存款，卻無法與社福設施簽訂入住契約，被迫在堆滿垃圾的家中懵然度日；也有人一天接到好幾通電話推銷，在不明就裡的情況下買了大量的羽毛被等產品，因此痛失財產。

成年後見制度就是為了防範上述事態所設立。高齡者過去辛勞打拼存下的資產，應該用來讓他們度過富裕的老後生活，但是現實並非如此。

另一方面，當無依無靠的高齡者需要法定代理人時，制度的運用上其實容許例外。當高齡者沒有家屬，或是彼此之間已經沒有聯繫時，相關單位會代為申請法定代理人。申請件數雖然還不多，但是正急速增加當中。原則上也是先獲得家屬同意，再協助委託法定代理人。畢竟也曾發生在代為申請之後，家屬跳出來指責行政單位隨意行事。

某個非營利組織正推動「市民法定代理人」養成計畫，其代表人神田典治如此告訴我們。根據自己在公部門服務、負責經辦社福行政業務的經驗，他認為光靠行政單位無法有效活用成年後見制度。於是他在退休後成立非營利組織，業務內容包括後見諮詢，以及將屬於第三方的市民培養為法定代理人的「市民法定代理人」業務。神田先生認為即便有家屬，同居家庭的數量還是大量減少，因此從今而後，以

「法定代理人」角色給予高齡者支援將會變得更為必要。

那麼實際上，選任「法定代理人」手續又是如何進行呢？當高齡者罹患失智症等疾病，以致缺乏判斷能力，需要接受照護服務時，大多已經無法親自申請，因此需要法定代理人的協助。行政單位會先試著聯絡高齡者的家屬，若是找到高齡者的家屬，對方卻予以拒絕時，手續就必須暫時中止。

如果一時間找不到高齡者的家屬，行政單位也會徹底調查其是否有姪子、姪女等遠親可擔任法定代理人，若仍是落空，則可由地方行政機關的首長協助申請。

但是這裡又有一個問題，那就是曾發生過首長代為申請之後，高齡者家屬又突然出現的案例。考量到可能的不確定因素，導致行政單位在行使裁量權為高齡者選任法定代理人時，皆感到戒慎恐懼。雖說如此，由「首長代為申請」選任法定代理人的案例仍急遽增加。我想這也顯示有愈來愈多「無依無靠」的「獨居老人」。

高齡者沒有法定代理人幫助會相當困擾。原本應該用在高齡者自己身上的「充裕存款」，可能無法妥善運用，高齡者被社會置之不理，無法接受必要的服務。

利己主義蔓延，導致社會大眾對成年後見制度缺乏理解並非唯一的「阻礙」。

今時今日，人們或許都該在失去判斷力之前，積極地規畫自己的老後生活，若是沒有可以依賴的家屬時，則需要事先決定要將自己的老後生活託付給誰。

接受他人照顧的「罪惡感」

二〇一三年，我們為了製作一個名為《失智症八百萬人時代，無法出聲求援，那些被孤立的高齡失智症患者》的節目而前往墨田區採訪，並遇見了某個案例。那是一位在都營住宅區獨居的高齡女性。當我們與照護員前去探望她時，發現房內衣物、報紙散落一地。

「這位女性平時是獨自生活，她的兒子有時會來探望她。我們也向他建議過，這位女性的生活環境不太好，是否該讓照護服務更充實些，可是對方總是加以婉拒……」

這位女性的兒子住在離母親家一個小時車程的距離，似乎是位工作忙碌的學校老師，每幾週會在週末時來看母親一次。由於這位女性不良於行，無法自行購物，因此兒子總是會買些保存期限較長的食物給母親囤積，譬如泡麵、甜麵包等。照護員雖然多次建議讓她接受更多照護服務，藉此改善生活環境，卻總是遭到拒絕。

「我媽有我跟著，所以你們不用擔心。」

這是對方的唯一主張，不肯接受照護員的其他建議。而作為母親，即便兒子幾個禮拜才來看自己，仍是相當開心，因此從未對兒子擺出怨懟的神情。如此一來，照護員無法介入，遑論照護服務。

我想在這個案例當中，兒子之所以不願利用照護服務，理由或許也是擔心世人眼光，害怕自己被視為「不願照顧母親，只肯交給他人照顧」的不肖子。政府在創立照護保險制度時，有一大目的是為了讓家屬從照護高齡者的重擔獲得解放，但是直到現在，日本仍有「該由家人來照顧高齡者」的風氣。

我想為了讓高齡者對獨居生活感到不方便、不自由時，能夠積極地利用照護服務，促進社會意識改革也相當重要。

畢竟當我們年華老去，照護服務會是任何人都可以利用的權利。

中年失業成為「老後破產」預備軍

在東京，高齡者陷入「老後破產」並前往辦理生活保護等手續的人數急遽攀升。「老後破產」的蔓延毫無止境，但是事情可不只如此。目前已經有徵兆顯示，那些理應支持高齡者生活的「工作人口」在未來也可能陷入「老後破產」。

他們是所謂的「老後破產預備軍」，我們在採訪中也遇到了一位典型的案例。那是一個位於東京墨田區的三人家庭。八十多歲的雙親，以及五十多歲的兒子同居在一棟透天厝裡。

在前去拜訪時，我們被帶到二樓的起居室。起居室約四坪大小，床鋪擺放在牆邊，八十七歲的木村浩二先生（假名）幾乎臥床不起，而八十五歲的妻子千代女士（假名）一邊利用照護服務，一邊照顧著丈夫。

房內四處擺著鐵鎚、鋸子等工具，或許是當年浩二先生還在從事建築工作時的工具吧。

「他的個性很大男人，有傳統工匠的味道。自從三年前住院之後，身體就不太能動了。」

看著臥床不起的丈夫，妻子千代娓娓道來。靠著年金收入過活雖然拮据，但是多虧妻子全心全意地照護，兩人的生活勉強得以維持。問題出在兒子身上，自從幾年前被公司資遣後，他直到現在仍沒有找到新工作，長期仰賴雙親微薄的年金收入過活。

「我不知道他白天在幹嘛，也不知道他白天有沒有好好找工作。」

千代女士的肩膀垮了下來，表示兒子長期躲在房內，即便外出也不會跟兩人說話，完全把雙親當成陌生人。而每次在房門前擺放飯菜後，餐盤裡的飯菜都會在不知不覺中被吃乾淨。

「每次我問他不去找工作嗎？他就會抓狂，所以我也管不動他，現在已經什麼話都不會勸他了。」

面對這類案例，其實有一個名為「世代分離」的方法可以幫上忙。外界可以幫助讓兒子從父母懷抱裡獨立，並視需要提供生活保護，同時媒合就業等，藉此令其獨立。但是每當相關單位的負責人前來拜訪，兒子連露臉與對方說話都不肯。因此相關單位也擔心他會這樣子把整個家給拖垮。

千代女士年紀也大了，身為母親，她擔心的並非自己跟丈夫的生活，而是兒子的未來。自從被裁員之後，兒子完全沒有繳納年金保險費。

如此一來在他邁入老年後，就幾乎領不到用以維持生活的年金。目前自己兩人尚未離世，還能領取兩人份的國民年金，可是一旦兩人離世，兒子就得要仰賴自己的年金過活。假設兩人死得早，兒子尚未到達可以請領年金的年紀，他就會完全沒有收入。

地區包括支援中心的職員指出，這類由雙親、中年失業的孩子所組成的家庭明顯變多。

目前四、五十歲的人屬於「工作人口」，當他們的收入減少，甚至失業時，除非接受生活保護，否則也只能倚仗雙親的年金了。有可以倚靠的雙親自然不成問題，但是當他們只仰賴雙親的年金收入生活，一旦雙親罹患重大疾病，生活就會無以為繼。假設雙親亡故，收入更是會完全斷絕。

「老後破產」就這樣形成了連鎖效應。我想為了防範「老後破產」於未然，也需要打造一個讓「工作人口」得以獨立的社會。

在另一個案例當中，問題又更為嚴峻。那是一個由年老母親，以及兒子組成的兩人家庭。兒子同樣在失業後遲遲未能找到工作，只能仰賴母親的年金收入過活。

問題是兒子有虐待母親的嫌疑，由於有鄰居通報常常聽到兒子抓狂，以及母親的哭泣聲，因此地區包括支援中心的職員準備前往關切，而我們也隨行前往。

早上十點，我們一行人抵達目標家門口，但是按了電鈴後卻沒人來應門。再次按了按門鈴後，玄關拉門終於喀拉喀拉地敞開，一位年約五十五歲的男性面露不自然的笑容，詢問我們來意。

「我們是公家機關的職員，目前正在訪問高齡者的住家，藉此確認他們在生活上是否遭遇困難。」

針對這類案例，職員並不會表示「有人通報你在虐待母親」。確認事實之前，應對處理都要謹慎為之。

「我媽年紀有點大了，但是沒關係的，我們沒遇到什麼特別的困難。」

兒子感覺想要儘早打發我們離開，對話時身體左搖右晃，眼睛也沒有聚焦，看起來似乎是喝醉了。職員繼續虛與委蛇地與兒子對話，同時以假借關心其母親的身體狀況之名，往屋內望去。但是兒子剛好站在玄關大門敞開的空隙，用身體將視線擋住，因此職員也看不清楚屋內的狀態。

「我媽現在身體有點不舒服，所以在睡覺。今天也沒什麼事，希望你們可以回去了……」

看來兒子無論如何都不想讓我們與母親見面。

此時我們從大門空隙稍微瞥見屋內情況，發現深處的房內有個人影。人影坐在地上縮成一團，肩膀不停顫抖，職員也發現了這件事情。

「請問您是這位先生的母親嗎？」職員出聲詢問。

「妳他媽給我滾進去！」兒子突然大聲向著母親吼叫，再帶著一臉不自然的笑臉轉過身來。

「抱歉啦，我媽有點老人癡呆了。」

兒子就著方才怒罵的氣勢打開了玄關大門，我們終於看見屋內情形。母親啜泣到肩膀顫抖不已。從早上就開始喝酒的兒子，以及縮成一團哭泣的母親，眼前呈現著一幅異樣的光景。

母親以顫抖的哭腔膽怯地說著話，但是聲音太小以致我們聽不太清楚。「妳吵死了，閉嘴啦幹！」說時遲那時快，兒子似乎被戳到痛處，再次怒罵母親。

但是母親仍繼續以顫抖的聲音小聲說話，我們也漸漸習慣她的音量，稍微能聽清楚她在說什麼了。

「你振作點啊，怎麼又在喝酒。」

「我不是他媽叫妳閉嘴嗎？」聞言兒子再次對母親怒吼。

語畢又帶著虛偽的笑容，神情詭異地看著我們，精神狀態似乎不太正常。於是職員出聲詢問對方是否有遭遇什麼困難。

「沒有什麼特別的吧……」面對職員柔和的詢問，兒子原本不想透露，但是在稍微沉默之後，就表示自己在找工作上出了些問題。

「我很想工作，可是就是找不到啊。」

這位母親與兒子長年同居，相信兒子也長年努力工作，才能夠維持兩人的生活，但是失業卻毀掉了這個家。如果兒子虐待母親的假設屬實，那麼絕對不可原諒。但是以另一個層面來看，這個社會讓有心工作者難以找到收入安定的工作，兒子或許也是受害者之一。

「看來您也過得不容易呢。因為最近有一些壓力過大導致虐待家人的案例發生，所以我們才會擔心啊。」

「啊，最近那種事情好像很常見。但是我們家沒問題的，我才不會虐待我媽。」

儘管職員切入正題。兒子卻仍是固執地重複原本的說法。

這一天，地區包括支援中心的職員就這樣無功而返了。回程上，我們詢問他接下來打算怎麼做，得到的答案則是因為有虐待嫌疑，因此會先與地方行政機關商討對策。由於外界難以強行介入家庭問題，因此也無法及時予以對應，這令我們感到焦慮不已。

那位兒子今後恐怕會繼續靠著母親的年金收入度日。即便兒子遲遲找不到工作，從早上就開始喝酒，母親仍然淚流滿面地設法導正，情真意摯令人心頭一緊。在這個案例當中，兒子總有一天還是會失去母親，以致收入斷絕，最後避無可避地陷入「老後破產」。

即便母親在世時不致陷入破產，兒子的破產卻是無可避免。透過上述案例，讓我感到若是這個社會繼續對蔓延在工作人口當中低雇用率、所得偏低……等等問題置之不理，就會令「老後破產」繼續擴大，並形成連鎖效應。

因照護母親而離職

現實極其嚴峻，即便有家人在也無法避免「老後破產」。而在「老後破產」當中，孩子辭去工作與父母同居以給予貼身照顧，最後一起被拖垮的案例明顯增加。東京都內某個地區包括支援中心介紹了六十二歲的澤田則夫先生（假名）給我們認識，他也是上述案例的受害者之一。

二〇一四年七月，我們與澤田先生相約在淺草車站前初次見面。但是約定時間到了卻遲遲不見澤田先生現身，於是我們打行動電話連絡他，得到的答案是「我正在路上，抱歉讓你們久等了，我走路比較慢」。

澤田先生到場後，我們發現他的身高接近一百八十公分，背脊也挺得筆直，右手卻拄著拐杖。自從兩年前因為腦中風而倒下後，他有一段時間半身不遂，雖然透過復健終於恢復行走功能，但是直到現在雙腿仍有麻痺感，只能用拐杖緩步行走。由於曾經半身麻痺，因此他在語言上仍有障礙，講話有時會含糊不清。澤田先生也對於自己說話不清楚的部分致歉，是位待人謙沖有禮的人。

我們進到一家車站前的咖啡廳，並談到了「老後破產」的話題。現年六十二歲的澤田先生聞言，斷定自己不久也會陷入「老後破產」。

「毫無疑問地，我未來會陷入『老後破產』。不對，應該說我現在就差不多了……」

二十多歲起，澤田先生在一家東京都內的寵物用品店上班，並累積相關產業知識，終於在三十多歲時實現了自己經營寵物用品店的夢想。澤田先生非常喜歡動物，對工作樂在其中。未婚的他長年與母親同居，由於父親早逝，對他來說母親是唯一的家人，地位無與倫比。

大約在七年前，也就是澤田先生五十五歲時，他的命運開始陷入混亂。母親的失智症症狀加劇，為了照顧母親，澤田先生常常無法出門工作。

為了實現母親「死在家裡」的願望，澤田先生蠟燭兩頭燒，邊工作邊照顧母親，雖說也有利用照護保險的服務，日子仍然不輕鬆。

「雖然照護員也有來幫忙，但是畢竟次數有限，所以餵飯、換尿布等工作我還是盡量自己來。」

由於澤田先生的母親愈來愈需要照顧，因此他也不時店休。但是他發現即便如此，仍然無法給予母親充足的照顧，於是他決定將寵物用品店收掉，專心照顧母親。這時候他認為只要有母親的年金收入，日子應該還是過得去。

近幾年來，以照護家人為由的離職人數攀升到每年近十萬人，澤田先生亦是其中之一。在接近一年的貼身照護之後，母親終於在家中壽終正寢。

「我並不後悔這麼做，畢竟母親應該也很開心吧。」

但是選擇「照護離職」徹底改變澤田先生今後的人生。五十多歲的中年人要重新就業並不容易，他遍尋不著工作，即便寄了幾十封履歷，同時每週前往職業介紹所媒合，澤田先生仍然失業。

澤田先生決定賣掉與母親同住多年的房子，雖說房子已經老舊，售價並不太高，但是他至少可以用賣房所得找比較便宜的房子承租。可惜事與願違，他找不到房子

澤田先生的收支

- 收入（每月）

  ＝0圓

- 支出（每月）

  房租＝5萬6千圓

  生活費等＝3萬圓

收支（存款）：-8萬6千圓

承租。因為在身為唯一親人的母親去世後，他已經找不到其他人擔任保證人了。

「因為我沒有工作，所以保證人就很重要。加上房東可能也會擔心我孤單地死在房子裡吧。」

結果他只能入住以海外旅客為主的平價背包客旅館。他聽說有愈來愈多人長期居住在這類旅館裡，於是也決定入住。

房租每個月要價五萬六千圓，絕不便宜，但是無須保證人就可入住的好處讓澤田先生下定決心。

離開咖啡廳後，我們順著隅田川沿線步行，澤田先生準備帶我們去參觀他的住處。

「就是這了。」從河川沿線的主幹道往

內走去後，澤田先生停下腳步指著一棟房子。外觀就是常見的透天厝，玄關大門也是共用。以鑰匙開門後，澤田先生率先入內，並出聲要我們進入屋裡。走進玄關後，右手邊是一條長廊，澤田先生指著走廊方向，表示自己的房間就在前方。語畢他脫下鞋子，走向自己的房間。長廊上有幾扇房門，裡面都是作為房間之用。

打開從玄關數來第二扇房門，裡面是一個二．五坪大小的房間，放有一張以鐵管製成的床鋪。房內約留有兩張床的空間，此外的空間全都被紙箱、雜物占據。

床上鋪有棉被，並擺了一張小桌子，剩下約一塊榻榻米的空間則兼具「起居室與寢室」之用。

「我知道人不能太挑剔，但老實說，我還是很想搬家。」

空間過於狹窄是一大理由，實際可以讓他活動的空間只有約一張床鋪大，用餐得要在床上的桌子解決，睡覺或是其他事情也都只能在這狹小的空間完成。

「問題是我沒有其他地方可去，這很現實。」

澤田先生的肩膀垮了下來，他的身上留有腦中風的後遺症，加上也沒有租屋保證人，因此即便跑了好幾十家不動產公司，還是沒人肯接受他。這僅僅一塊榻榻米大的空間，是澤田先生唯一的歸屬了。

重新就業的道路因病斷絕

澤田先生為了照顧母親而離職，並在母親去世後以五十多歲的高齡力求再次就業，對他來說，腦中風發作只能說是運氣不好。但是即便受到半身不遂與言語障礙纏身，澤田先生仍堅定地持續復健，希望能夠獨立自主地生活。現在他雖然終於可以走路，卻還是必須仰賴拐杖。

「沒有地方會想要雇用我這種身體有問題的人。」

由於沒有收入，因此賣房所得也持續減少。澤田先生拿出藏在枕頭旁的銀行存摺，嘆了口氣。

「我的存款不斷減少，現在只剩下一百二十多萬了。」

他希望能夠靠存款撐到六十五歲，可以開始請領年金的年紀，畢竟若是提前請領年金，原本就不多的年金收入就會變得更少。但是等到哪天他的存款歸零，仍然會被迫陷入「老後破產」。

「年金收入的正確金額我是不知道啦，但是頂多就一、兩萬吧。」

澤田先生表示，自己在開店時，曾經在辦理年金變更手續時出過狀況，也曾經因為生活拮据而無力繳納保險費，以致只能領取微薄的年金。也就是說，除非找到工作賺取收入，否則無法倚靠其他收入。

「我也曾經去戶政事務所問過生活保護的事情，對方表示等我的存款剩下五萬圓時再過來。如果我的存款花到剩下五萬圓，卻沒辦法請領生活保護，我就只能在路邊等死了。」

由於無法確定自己能否申請生活保護，因此他對花光存款一事抱持極大不安。他頹然表示，自己目前想的都是如何節約花費。

超節儉術！

「我每餐都不超過一百圓。」

床鋪周遭堆滿紙箱，裡面放的都是趁特價大量採購的泡麵、罐頭。當晚澤田先生的晚餐是鯖魚罐頭。澤田先生拿著一盒真空包裝的米飯走出房間，前往走廊盡頭處的共用廚房。廚房裡有不銹鋼洗碗槽、小型冰箱，冰箱上放著一台微波爐。將米飯放入微波爐並按下按鈕後，轉盤開始滴溜溜地轉了起來。

「幸好百圓商店也有賣食材，不然我就活不下去了。」

微波好的米飯熱氣騰騰，再放上鯖魚罐頭就大功告成了。味噌煮鯖魚甜中帶辣的香氣聞起來相當美味。

澤田先生氣勢驚人地扒飯，沒多久就幾乎將盒內的米飯給吃完了。期間他也多次用免洗筷撈起罐頭底部剩下的味噌醬汁享用。不到十分鐘，澤田先生就吃光了他的晚餐。

洗衣費是澤田先生無法節省的生活費用。由於他住的地方本來就是一家飯店，因此自然沒有洗衣機。他只能外出使用自助洗衣機。

「雖然沒有錢，可是我總不能落魄到不敢出門啊。」抱持著上述想法，澤田先生每週都會去一次自助洗衣。

八月半，採訪團隊來到澤田先生家門口時，正巧遇到他拿著洗衣籃準備外出。澤田先生提著裝有大量衣物的洗衣籃，額頭上滲出豆大汗珠。走了約五分鐘後，他突然停了下來，用手指向右方，表示自己以前的住處就在那裡。

「我們去看看吧？」澤田先生語畢就往右方走了過去，或許他久違地想要看看這棟被賣掉的房子。但是原有的房子已經被拆掉，取而代之的是一棟純白的新房。

「我的家已經消失不見了。」

澤田先生以前的家是一棟兩層透天厝，一樓用來經營寵物用品店。店內的起居室放有母親專用的照護用床。最後母親也是在起居室離世。澤田先生惆悵地表示，自己在這棟房子實現了開寵物用品店的夢想，同時也與母親打造了許多回憶。

「講這些也沒什麼用，我們走吧。」

澤田先生默默不語地駐足良久。雖說終於可以再次站起，但是卻失去了活力。

我們再次前往自助洗衣店。這間自助洗衣店坐落在主幹道旁，平日下午沒什麼人會來洗衣服。澤田先生一股腦地將洗衣籃裡的衣物倒進洗衣機，並倒進洗衣精。接下來他從口袋裡拿出一只零錢包，從裡面拿出兩百圓放進投幣孔。「唰」地一聲，洗衣機開始運轉注水。

「旁人看起來這可能只是小小的兩百圓，對我卻是彌足珍貴啊。」

洗衣費相當於澤田先生兩餐的餐費，的確是一大負擔。

「衣服還要一段時間才會洗好，我們要不要去附近的公園走走啊？」

洗衣服要花費三十分鐘，期間澤田先生都會在附近的公園度過。公園裡有個小廣場，以及溜滑梯、盪鞦韆等遊樂設施。

「我以前也會在這裡玩呢。」

小時候，澤田先生的雙親都還在世，當時他非常喜歡來這公園玩耍。每天放學之後，他幾乎都會來這公園，跟朋友打棒球、捉迷藏，每次都玩到太陽下山才依依不捨地回家。坐在公園長椅上，往日種種浮現眼前。

「當時可真幸福啊，無憂無慮的。」

澤田先生看著遠方說道，眼角微微泛淚。

「現在我真的很不安、很不安、很不安……」

講到一半，澤田先生已經語帶哽咽。

他已經失去健康，無法繼續工作，手邊又只剩下一百二十萬的存款，但是卻也不能節省醫療費。他對這步步進逼的「老後破產」充滿擔憂。

澤田先生低頭不語好一陣子，接下來像是下定決心般地起身走向自助洗衣店。

他默默地將衣服從洗衣機裡取出，並放進自己帶來的洗衣籃裡。在離開洗衣店的時候也並未與我們多說什麼。

三天後的傍晚，淺草街道被人潮擠得水洩不通，大多是前來一睹隅田川放水燈盛事的觀光客。小時候澤田先生的父母親也曾帶他來放水燈，時至今日，他對這一天仍隆重以對。

這天，離開澤田先生的住處後，我們沿著川邊的遊憩步道散步，水邊的涼爽微風令人身心舒暢。有些往來民眾的手中也拿著燈籠，川面上有幾艘特地為放水燈所準備的屋形船。

「那時候我們全家人一起來看過放水燈。在採訪的過程裡聊到我媽，害我又久違地想來看看放水燈了。」

「請勿推擠。」、「請慢慢往前走。」接近放水燈的時間時，川邊簡直人山人海，工作人員也出聲引導民眾移動。

「啊，開始放水燈了。」澤田先生說道。一個又一個的明亮燈籠漸漸流向遠方，霎那間川面就被數不盡的燈籠所覆蓋。

「從對面看得更清楚唷。」

片刻之間，川面上已經漂著成千上萬的燈籠，它們散發著柔和火光，點綴出如夢似幻的景致。澤田先生閉上雙眼，雙手合十祈願，或許是想向仙逝的母親獻上祝福吧。之後我們又看了一陣子放水燈，才決定返回住處。

回到房間後，澤田先生從深處的雜物堆裡拿出一把釣竿，可能是在看完放水燈之後，勾起許多往日回憶吧。即便是忍痛賣房時，他還是捨不得丟掉這把釣竿，一直珍重地收在房間裡。

「生活雖然過得很糟，但我還是希望能夠實現再去釣一次魚的夢想。」

這一天，澤田先生笑容滿面地談論著無法實現的夢想。或許只有在提及過往回憶時，他才能感覺到安穩吧。

就這樣陷入貧老深淵

九月初，我們已經採訪澤田先生兩個月了，夏天也接近尾聲，或許是季節更迭的緣故，澤田先生的身體突然出了問題。

「我最近常常頭痛，身體狀況變得很差，晚上也睡不太好呢。」

即便採訪團隊已經抵達，他仍然只能躺在床上，無力起身。頭痛可能也是腦中風復發的前兆。

「我沒有好好去看醫生……」

雖說醫師叮嚀他要定期回診以追蹤病情，但是他卻沒有照辦。原因之一是他「拒絕住院」。當時負責治療腦中風的主治醫師表示，由於他的血壓過高，建議他住院。從此澤田先生再也沒有去過那家醫院。

「住院可不知道要花上多少錢啊。下定決心不住院當然也很可怕，但是我現在已經進退不得了。醫師也罵過我，說我這樣下去可能會死掉……」

澤田先生表示，自從自己不再回診，每天都擔心自己會倒地不起，即便是正在接受採訪的當下亦然。而每天早上起床後他也會鬆一口氣，感嘆自己沒有一睡不醒。

我們也說明了在制度上，只要醫療費超過一定金額，就可以獲得某種程度的減免，另外也有特定醫院提供免費優惠診療服務，但是澤田先生仍不願去看醫生。他似乎覺得自己有存款，所以無法利用所有的社福制度，就像是自己無法申請生活保護一樣。此外他也失去了繼續活下去的力氣，而這也是他選擇遠離醫院的原因之一。

「沒有意外的話，五、六年後我已經不在世了吧。」

澤田先生自暴自棄地喃喃自語道。

與其說是放棄治療疾病，更不如說他是放棄了自己的人生。

「就算我住院治好了高血壓，未來又有什麼在等著我？」

毫無疑問的，住院後等著他的會是「老後破產」。但是即便不住院，澤田先生有朝一日還是會陷入「老後破產」，只是時間早晚的差別罷了。因此澤田先生才會自暴自棄。

澤田先生之所以失去工作，是為了「多陪在母親身邊照顧她」。澤田先生出於孝順而選擇了這條道路，我們不希望最後是「老後破產」的結局在等著他。但也正因為澤田先生做出如此有勇氣的選擇，我們才更希望「老後破產」的結果能夠讓他得以接受生活保護，進而獲得救贖。

終章

從「老後破產」到「老後親子破產」

「我們的生活過不下去了，請救救我們。」

在NHK特別節目《老人漂流社會——『老後破產』的現狀》播出後，報章雜誌上的相關特輯裡經常可以看到「老後破產」這個詞彙。高齡者接受生活保護的戶口數急速增加，以下討論的事態也是造成上述情形的原因之一。

新聞上常提及日本年薪低於兩百萬的「窮忙族」勞工人數已經超過一千一百萬，由此可見「老後破產」預備軍的人數正持續增加。

窮忙族靠著父母年金收入過活，最後一起倒下的案例也不停攀升。

某天有位八十多歲的女性跑到社福窗口，泣訴「生活已經過不下去」。她平時過著簡樸的生活，五十多歲的兒子失業返鄉依親則是造成她陷入「老後破產」的原因。這位女性的兒子被公司裁員，之後因為付不起房租而回到老家。自從丈夫去世後，母親就獨居在故鄉的老家。由於農村的房子比較大，因此家中也有空房可以給兒子居住。

但是兒子返鄉同住的喜悅持續沒多久，生活就開始變得困頓不堪。

母親每月的年金收入為八萬餘圓，由於兒子求職不順，因此兩人的生活全靠這八萬餘圓，每個月接連赤字，就連僅有的存款也在不久後花費殆盡。

半年後，真正的不幸造訪兩人。兒子因為腦中風而倒下。

為了支付住院費用，母親四處走訪親戚低頭借錢，等到兒子出院時已經是身心俱疲。而兒子因為腦中風留下後遺症，找工作變得更不順利，從此大多足不出戶。

光靠母親八萬餘圓的年金收入再也無法維持兩人生活。

「我們的生活過不下去了，請救救我們。」

母親前來社福窗口尋求幫助，當時距離她開心地與兒子同居還不到一年。在決定母子兩人相依為命生活之後，卻是以兩人一同倒下的「老後破產」畫下句點。

從這類案例我們可以發現，「老後破產」絕對不只是高齡者會面臨的問題。

孩子仍在工作時，人們往往會認為自己可以依靠孩子，因此無須接受周遭支援。但是現在卻接連有案例指出，理應成為父母老後倚仗的孩子，反而會成為導致「老後破產」的原因。

近二十年來，日本工作人口的平均所得持續下降。

一九九〇年代，日本工作人口的平均所得最高，超過六百五十萬圓。

但是在二〇一二年時，工作人口的平均所得卻低於五百五十萬，減少了一百萬圓之多。平均所得低於三百萬圓的工作人口也超過三成。

由於工作人口「謀生能力」的基礎變差，以致有愈來愈多人仰賴父母的年金生活。但是當父母也是獨居，並未具備較強的「謀生能力」時，就可能陷入一同倒下的窘境。

兩代同堂者即便陷入「老後破產」，有時也無法立即接受生活保護。但是當同住的親子生活變得困頓、失業的孩子成為「家裡蹲」、因為照護的壓力而對父母施暴……等等問題在短時間內無法獲得改善時，有關單位則可能視情況施以「世代分離」，先讓親子分開來住，再分別為他們申請生活保護等補助。

譬如在上述的案例當中，兒子後來就住進老人保健設施復健，不再與母親同住。從此兒子得以請領生活保護，獲得醫療費減免，母親也恢復獨居生活，無須負擔兒子的醫療費，得以靠著年金收入過活。

這種親子一同倒下的情形可謂「老後破產」的全新型態，而究竟又是什麼背景讓它接連發生呢？支撐社會發展的基礎已然鬆動，無力做好未來準備的勞工正持續增加；「日本的家庭結構」出現變化，彼此扶持的力量變得薄弱；加上社會保險制度已經跟不上「超高齡社會」的實際狀況，同樣令「老後破產」的情形愈發嚴峻。

原應支持高齡者生活的工作人口變得孱弱，這也可能導致「老後破產」的情形變得嚴重，目前我們也繼續就此面向進行採訪。

「老後破產」的現象已經在獨居老人之間蔓延開來，在工作人口之間也開始以「連鎖效應」、「一同倒下」等形式出現，已經不只是高齡者才會面臨的現象。關於「老後破產」，我認為必須把它視為一個足以遺毒後世，禍害社會的重大問題。

那麼又該如何找到突破上述事態的契機呢？我們希望透過第一線的採訪，進一步深入探討，藉此引導出解決問題的答案。這也是為了讓我們與各位讀者都可以安心地度過老後生活。

結語

如何避免「老後破產」的惡性循環

我在福岡縣的筑豐生活到高中，這裡以前是產煤地。

小時候，我家裡住的人有父母、姊弟，以及祖母。每到盂蘭盆節跟過年，祖母就會給我五百圓左右的零用錢，每次我都對這筆小收入引頸期盼。祖母的收入只有年金，但是生活看起來並不困苦，因為我們家是三代同堂，父母會負責照顧她。昭和三十年代後半到昭和四十年代時，這類家庭結構並不罕見，至少在我的生活周遭，這類家庭十分常見。

但是時至今日，究竟還有多少人將三代同堂視為理所當然呢？

我出社會之後就未曾與父母同住。兩老也不喜歡離開老家。父親去世之後，母親獨自一人居住，雖然我也曾提議一起住，卻還是被她拒絕了，母親也在前年去世。我從未想像我與妻子兩人未來會跟兒子夫婦，以及孫子同住。相信不只有我抱持上述的想法。

日本三代同堂的比例持續下滑，目前只剩下一成左右。國立社會保障暨人口問題研究所推測，二〇三五年時高齡者獨居的人口比例將會來到三八%，單看東京的比例更高達四四%。而因應社會變化的制度是否足夠完善呢？

日本政府在一九六一年推出國民全數加入的國民年金制度。

當時三代同堂稀鬆平常，因此即便跟我祖母一樣，年金收入只能用來給孫子零用錢也無傷大雅。但是隨著家庭構造劇烈變化，年金的性質也與過去大相逕庭。收入充足的人當然可以過著安穩的老後生活，但是收入普通的人就只能仰賴年金度日。

制度是否沒有跟上家庭結構的變化呢？針對上述問題，於節目中受訪的研究人員回答「金錢幾乎無法解決高齡者問題」。

不可否認的，我們正面臨財政緊繃的時代，那麼又該怎麼做才好呢？

節目中我們有幸請到明治學院大學的河合克義教授，他介紹了法國一個名為「制度間調整」的措施。

原則上，在日本即便是仰賴微薄年金收入過活的人，仍需負擔一成的醫療與照護費用；而聽說在法國，低收入族群的收入只要低於一定水準，支付的醫療、照護費用就會變便宜，進行了諸多制度面的調整。也就是說，這是一種確保人民擁有最低生活水準的思想。除此之外，河合克義教授也表示：

「如果因為收入微薄而猶豫是否該去看醫生，或是不接受照護服務，結果反而會令症狀加劇，以致社會成本變高。因此若是能夠打造一個防止『老後破產』的措施，就可以降低社會成本。」

我認為這些金玉良言很有參考價值。

節目播出後，我們收到許多來自觀眾的回響。許多年輕世代的觀眾都表示「這些事情並非事不關己」、「不趁現在多存一些錢，我以後也會變成這樣」，他們的反應令人意外。

事實上，節目製作團隊也曾經討論過，認為最嚴重的問題是「老後破產有可能禍及下一代。誠如本書第五章所介紹的案例，為了照顧父母而辭職自然沒有錯，但是失去收入後，自己卻也可能陷入「老後破產」的窘境。我想年輕世代的回響正是在呼應這件事。

約聘等非正職員工的比例持續攀升，不婚族也愈來愈多。還有父母的年金可以仰賴時還沒有問題，但在那之後只會迎來「老後破產」的惡性循環。而目前這正是我們在意的問題。

執筆者簡歷

鎌田 靖

一九五七年生於福岡縣。一九八一年三月自早稻田大學政經學部畢業，同年進入NHK擔任記者，一九八七年進入報導局社會部服務，負責調查採訪等業務。一九九三年為神戶放送局主編。一九九五年指揮阪神淡路大地震的採訪工作。一九九九年為報導局社會部副部長。擔任司法專題召集人等職位。二〇〇五年為解說委員。於《週刊孩童新聞》扮演老爸的角色五年時間。二〇〇九年為報導型節目《追跡！A to Z》節目固定班底。二〇一一年為NHK特別節目《系列東日本大震災》節目固定班底。著有《新公共與自治的現場》、《週刊孩童新聞裡的老爸教你新聞用語》、《working poor 窮忙族，侵蝕日本的疾病》、《working poor窮忙族，邁向解決之道》等諸多作品。論文有《以有志氣的報導超脫「發表新聞學」》。

板垣淑子

一九七〇年生。東北大學法學部畢業，於一九九四年進入NHK，歷任報導局製作中心、仙台放送局、報導局社會節目部、特別節目中心，現隸屬大型企劃開發中心。主要節目為NHK特別節目《working poor 窮忙族：拼命工作生活也不會獲得改善》（二〇〇六年，獲頒銀河獎）、NHK特別節目《無緣社會：三萬兩千名「無緣死」死者的衝擊》（二〇一〇年，獲頒菊池寬獎）、NHK特別節目《臨終何處去 老人漂流社會》（二〇一三年）、NHK特別節目《無法出聲求援，被孤立的高齡失智症患者》（二〇一三年，獲頒銀河獎選獎）等多部節目。二〇一四年獲頒放送文化基金獎個人獎。

原 拓也

生於一九八一年，早稻田大學法學部畢業，於二〇〇四年進入NHK。歷任大阪放送局、首都圈放送中心，現隸屬報導局社會節目部。主要負責節目為首都圈特別節目《符合自己的老後生活與死法？在這無緣社會裡》、NHK特別節目《臨終何處去 老人漂流社會》（獲頒美國國際電影及電視節金相機獎）、NHK特別節目《無法出聲求援，被孤立的高齡失智症患者》（獲頒第五十一屆銀河獎選獎）、NHK特別節目《災後三年，受災地的心靈軌跡——遺族的歲月》。

NHK特別節目《老人漂流社會——「老後破產」的現狀》製作團隊

主持人	鎌田靖
旁白	柴田祐規子
音樂	得田真裕
攝影	寶代智夫
燈光	伊藤尊之
技術	松田英明
收音	高橋正吾
音效	小野沙織
剪輯	小澤良美
導演	原拓也
製作統籌	板垣淑子

※本節目於二〇一五年六月獲頒銀河獎。

老後破產——名為長壽的惡夢

老後破産　長寿という悪夢

作　　者　NHK特別採訪小組
譯　　者　謝承翰
副總編輯　李映慧
編　　輯　鍾涵瀞

總 編 輯　陳旭華
電　　郵　ymal@ms14.hinet.net

社　　長　郭重興
發行人兼出版總監　曾大福
出　　版　大牌出版 / 遠足文化事業股份有限公司
發　　行　遠足文化事業股份有限公司
地　　址　23141 新北市新店區民權路108-2號9樓
電　　話　+886- 2- 2218 1417
傳　　真　+886- 2- 8667 1851

印務主任　黃禮賢
封面設計　謝家穎
排　　版　極翔企業有限公司
印　　刷　成陽印刷股份有限公司
法律顧問　華洋法律事務所　蘇文生律師

定　　價　320 元
初版一刷　2016年7月

國家圖書館出版品預行編目資料

老後破產 / NHK特別採訪小組著；謝承翰譯. -- 初版. -- 新北市：大牌出版：遠足文化發行, 2016.07
面；　公分
譯自：老後破産：長寿という悪夢
ISBN 978-986-5797-75-1（平裝）

1.高齡化社會 2.老年化問題 3.日本

544.8931　　105009404